尹律师说：

做企业必懂的法律常识

尹洪旺◎著

金城出版社
GOLD WALL PRESS
中国·北京

图书在版编目（CIP）数据

尹律师说：做企业必懂的法律常识 / 尹洪旺著. —北京：

金城出版社有限公司, 2021.4

ISBN 978-7-5155-2160-2

Ⅰ. ①尹… Ⅱ. ①尹… Ⅲ. ①法律 – 基本知识 – 中国

Ⅳ. ①D920.5

中国版本图书馆CIP数据核字(2020)第262876号

尹律师说：做企业必懂的法律常识

作　　者　尹洪旺
责任编辑　王寅生
责任校对　岳　伟
开　　本　710毫米 × 1000毫米　1/16
印　　张　14
字　　数　100千字
版　　次　2021年4月第1版
印　　次　2021年4月第1次印刷
印　　刷　天津盛辉印刷有限公司
书　　号　ISBN 978-7-5155-2160-2
定　　价　42.00 元

出版发行　金城出版社有限公司　北京市朝阳区利泽东二路3号　邮编：100102
发 行 部　（010）84254364
编 辑 部　（010）64391966
总 编 室　（010）64228516
网　　址　http://www.jccb.com.cn
电子邮箱　jinchengchuban@163.com
法律顾问　北京市安理律师事务所 18911105819

策划手记

让企业避开各种坑，为财富保驾护航

我有一个客户，六十几岁，在经营公司初期，因为不懂法，逃税漏税，最后因经营不善只好把公司转让给他人，没想到最后被当地公安机关刑事拘留。

这位客户，当时还以为自己把公司转让给别人后，自己就无须再缴纳任何税款了。没想到，最后法院判定他犯逃税罪，六旬企业家锒铛入狱。事实上，很多企业家，尤其是中小企业家，在商战中，踩过不少坑，走过不少弯路，最终倒在自家门前。

中国民营企业涉案率居高不下，每年企业纠纷案件上百万件。

在帮企业做咨询的时候，我发现不少创业者对与企业相关的法律法规一知半解，意识淡薄，常常给自己和公司带来很多不必要的麻烦和纠纷。企业家一定要做一个懂法的，会合理规避法律风险的领导者，才能避免踩坑，为自己和企业的财富保驾护航。

有企业家问："鲆叔，我们公司还没有聘请法律顾问的计划，我要怎样才能快速懂法呢？"还有的企业家说："听说聘请一个专职律师很贵，有没有其他办法能解决这个问题，既能让公司有法律顾问，还能省钱？”

我今年开始做了一个跨界创业社群，创读会，服务宗旨是“读书创业，多赚一倍”，用“学习 + 资源链接”，帮助会员增加收入，多赚一倍，成功创业。

尹洪旺律师是我的创读会会员，创读会商学院合伙人。他是某大型律师事务所管理合伙人，仲裁员。他从事律师行业十余年，专业方向是刑事辩护，对经济金融类犯罪的案件颇有研究，致力于为企业家刑事法律风险防范，企业上市投融资服务，在国内外超过 200 个城市线下律所网点布局。

尹洪旺在向我咨询过后，我帮他规划了今后的发展方向，策划了如何玩赚“爱问律师企业营”社群，并且同步策划了《尹律师说：做企业必懂的法律常识》这本书。

这本书正好可以帮助企业家解决有关企业法律方面的困惑。

本书分为民商事篇和刑事篇，共解析了 30 个企业曾踩过的各种坑，是尹洪旺律师自己办理过的真实案例再现。他从案例入手，生动地描述企业踩坑的过程和后果，在每个案例后面，尹洪旺还给读者分析了与本案例相关的法律常识。总的来说，这是一本生动不枯燥的企业法律书，希望你能好好读，秒变懂法的企业家。

李鲆 出版策划

276527980

资深出版人，创读会创办人

著有《畅销书浅规则》《多赚一倍》系列

序一

了解做企业必懂的法律常识，保证企业“不违法”

机缘巧合，有幸认识尹洪旺律师 3 年有余，期间我常就企业运行过程中遇到的有关法律方面的问题进行咨询，自感受益匪浅。

其中有一件事感受至深。我公司给培育的一个新蚕品种冠名，就可能会引发的知识产权纠纷之事咨询尹洪旺律师。

通常“种子”的概念一般是指小麦、玉米和高粱等植物的种子，而蚕种是活体物种，应归属动物范畴。但蚕又不属于猪、狗、牛或者羊等通常意义上的动物。

而关于种子的知识产权，仅对植物种子有明确界定，对动物种子没有明确的概念。

面对丝绸这一生僻产业的特殊疑难问题，洪旺律师查阅了各类资料、请教了多名专家，孜孜不倦，锲而不舍，历经十几天，依靠自身深厚的法律专业功底，终于为我公司解疑释惑。

仅此一件小事，让我感受到一名律师专业、敬业、好学和执着的职业操守。

近日，有幸拜读到尹洪旺律师的新书，本书写的是有关企业经营中经常踩的 30 个“坑”，分为民商事篇和刑事篇，全是他本人办理过的真实案例，每个案例后还附有与本案例相关的法律常识解读。

阅后掩卷深思，我认为本书有 4 个特点：一是清晰地将企业经营中常发生的，但不注意容易忽略的坑呈现出来；二是真实案例呈现，直击法律盲区；三是针对案例有详细的法律常识解读；四是细分各个环节、各个领域。

一个企业的正常运行最起码要有一个好的会计师和一个好的律师，会计师能为企业“算好账”，律师能保证企业“不违法”。

作为一名企业管理者，阅读洪旺律师的这本《尹律师说：做企业必懂的法律常识》，并加以应用，我认为可以起到一个好律师的作用，帮助企业避开常踩的频率高的各种坑！

是为序。

山东广通蚕种集团副董事长

海阳丛麻院生态旅游公司董事长

总农艺师

序二

尹律师教你用法律手段完美避开各种商业风险

每一个创业者在通往成功的路上，总会遇到各种各样的困难和挫折。要创业，就要积极面对这些坎坷；要成功，就要跨越这些险境。

而尹洪旺律师的这本书，正是献给创业者的一本法律知识飨宴，每读一篇，你就会汲取不同的法律知识和智慧。读这本书，就像点亮了一盏指路明灯，他善意地提示了创业者成功路上的各种低丘深坑，教创业者如何轻松跨越。

尹律师在精心做好每一个委托案件的同时，还潜心研究了每一个案件的前世今生，总结提炼出各类纠纷发生的前因后果，以为创业者提供法律权益保护为主线，结集成册，铸成本书。

这本书的内容包括但不限于企业设立、公司经营、物权保护、企业用工、股权权益，以及财产犯罪、经济秩序犯罪、危害公共安全犯罪等多个方面，尹律师以专业的角度和通俗的语言，深入浅出地阐明了法律利害关系，抛开生硬的说教，以简练的语言告知每一位创业者，如何跨越成功路上的各种障碍，如何以轻松的心态奔向成功顶峰。

愿尹律师这本《尹律师说：做企业必懂的法律常识》能够指引每一位创业者实现轻松跨越，以法律手段完美避开各种商业风险。

于兴泉

大成律师事务所刑事专业委员会执行主任

序三

洞穿精英律师之路

尹洪旺律师，瀛岱律师事务所的杰出律师，年轻的高级合伙人代表，新法商服务的践行先锋，他一直致力于为客户创造最大价值，努力成为新时代商业律师的典范。

新冠疫情期间，他的新书《尹律师说：做企业必懂的法律常识》定稿了。作为律所管理合伙人，我有幸在第一时间读到书稿。

律师专业化虽早已经成为行业共识，但专业化评价标准还没有达成共识，业界对专业化的概念和标准还尚无明确的定义。

因此，我所对律师专业化做了如下定义：人人拥有法律产品，为细分行业客户提供系统的解决方案，打造个性化证据营销体系。

按照这个标准，我试着从 3 个维度来分析尹洪旺律师的这本书：

1. 从客户服务专业化的视角分析，这本书是把法律服务的“阳春白雪”翻译成了“下里巴人”。

尹律师以自己服务的真实案例，从刑事业务视角做企业法律顾问服务的心得，用最通俗的语言，为非法律人士快速构建一个全新的法律意识框架，这是本书一大特色。

2. 从律师专业化的视角分析，这本书是践行法商财税一体化专业技能的典范。

尹律师整理了自己 10 余年的服务案例，在成书的过程中更加丰富了自己的知识结构，个人的专业技能上升到了一个新的高度。

3. 从客户营销的视角分析，这本书是践行客户营销专业化理念的一个重要的环节。

营销领域有一个重要的原理，“只有认知，没有事实”，客户往往是根据主观认知来感知产品和服务的。而尹律师的这本书，搭建了一条律师和企业家、创业者之间的桥梁和纽带。

时代造就英雄，英雄创造时代。

过去的 40 年，新中国的律师行业从无到有，服务模式以“起草审查合同、代理仲裁诉讼和防范法律风险”传统三板斧为主。

未来的 40 年，律师行业应该从新冠疫情、世界格局重构的视角，把握法律服务行业本质，进行服务模式转型升级，担当起法律服务行业为企业、为社会创造价值的责任。

非常期待本书早日面世，我会把这本书推荐给企业家朋友、律师同行和我的同事们!

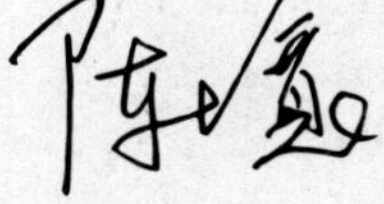

山东瀛岱律师事务所管理合伙人

产品驱动律所首倡者

目录

民商事篇

第一章 企业设立

第二章 企业经营

第三章 物权保护

第四章 企业治理与股东权利

第五章 劳动用工

刑事篇

第六章 破坏社会主义市场经济秩序罪

第七章 侵犯财产罪

第八章 贪污贿赂罪

第九章 危害公共安全罪

民商事篇

法律能让企业挣钱

也能让企业遇到困境甚至破产

避免踩坑，少走弯路

第一章 企业设立

本章内容由李雅雯律师提供。

李雅雯，资深律师，现就职于山东圣义律师事务所，山东大学经济法学硕士研究生，山东大学EMBA总裁班结业，执业领域：民商事法律事务。

在北大中文核心期刊CSSCI《东岳论丛》2009年第11期（总第185期）独立发表论文《浅析一人公司有限责任》，2010年第5期（总第191期）独立发表论文《对“城中村”治理改造问题的调查与法律思考——以济南市为例》。

第一节 注册资本不切合实际

案例

贵州省某科技有限公司，生产某产品的技术在国内很先进，按照公司计划，将在2020年10月上提交新三板上市申请。我于2019年6月与该公司签订服务协议，负责该公司上市相关法律事务。

公司于2019年7月召开了一次股东会议，我全程参加，会上所有股东对公司上市信心满满。

我却给他们泼了凉水："公司注册资本5000万元，面子上绝对过得去，是一家'实力雄厚'的企业。但问题是，上市需要实缴资本。公司虽是高新技术企业，但仍是一家初创型的科技企业，对科技的不断投入，让近几年的发展仅维持正常运营，根本没有这些资金，并且公司净资产也跟注册资本差距很大。"公司上市计划只能暂时搁浅。

作为服务机构，我们需要一些方法和时间去解决。可现实情况是一点机会也没给企业，疫情的发生，导致企业几乎没有了生存空间。一步错步步错，一个小错误可能就会导致公司破产。

事后我了解到，该公司在注册时，公司并未了解何为注册资本，也并未考虑注册资本对公司未来发展的影响。他仅花了400元，找了一家代办机构办理了注册登记。

| 法律小常识

《中华人民共和国公司法》实行注册资本认缴制，公司股东（发起人）自主约定认缴出资额、出资方式、出资期限等，并且记载于公司章程。有限公司首次公开发行股票需变更为股份有限公司，有限责任公司变更为股份有限公司时，折合的实收股本总额不得高于公司净资产额。

| 第二节 公司章程套模板

| 案例

山东潍坊某房地产开发企业，公司有两名股东。其中一名股东李某是实控人，占股99%。他为了符合注册公司有两名股东的要求，出资给亲戚张某做另一个股东，占股1%。一直以来都是李某经营企业，经过多年打拼，公司已经发展成近10亿元资产的大企业。

2019年6月，不幸的事情发生了。李某在工作期间突发疾病死亡。因没有遗嘱，按照法律规定的法定继承顺序，李某的女儿和李某的父亲是公司合法的继承人。李某的父亲却通过诉讼途径抓紧继承了李某的股权，并宣布接手公司。与此同时，李某的兄弟姐妹也到公司开始上班，遗产之争就这样拉开了帷幕。

李某父亲虽通过法院诉讼强制股权变更，但公司法定代表人却一直未能选出。法定代表人未能选出，公司业务无法进行。期间，小股东张某还通过造假私自重新刻了一枚公章，意图对外签署合同。一年的时间，公司所有业务陷入瘫痪，公司作为被告的案子多达30多起，一个蒸蒸日上的企业，就这样停摆了。

2020年4月，李某的女儿找到我，聘请我全权处理关于她的事务。经过了解，我虽有些无奈，还是帮她认真梳理，将危害企业利益的行为通过民事诉讼、刑事报案等途径维护了股东的权益。但企业继续由他们经营发展已基本没有了希望，只能希望外界收购。我给出的最终建议，若无法收购，李某女儿可申请公司解散，以彻底解决公司遗留问题。

经过了解，发现小股东敢私刻公章，是因为公司章程中除了李某任职董事长法定代表人外，只有张某任监事。这是典型的公司章程模板，以为有董事长和监事就万事大吉了。

张某遂以公司无其他人任职为由，伪造股东会决议，私刻了公章。为什么选不出法定代表人？不是股东达不成一致意见，关键是公司章程中未做出约定。为什么说寄希望于收购？因为股权底层设计就出了问题，公司章程也未做出约定，股东达不成一致，也无法被收购。

| 法律小常识

公司章程在公司的地位跟宪法在中国的地位是一样的，可想而知，多么重要！宪法的修改由全国人大以全体代表人数的 2/3 以上通过为准，公司章程却由代办机构在模板上改改名字就行了。在符合法律法规的前提下，公司章程可约定所有与公司有关的事项。

关于公司解散的其中一个法律规定：持有公司全部表决权 10% 以上的股东有权申请解散。

第三节 公司股权设置不合理

案例

有家知名某功夫餐饮公司，是国内较早实现中式快餐连锁发展的一家企业，在20世纪90年代创立，历经初创期、标准化运作期和品牌运作期。因为初创团队的精诚合作，虽有波折坎坷，也顺利渡过。

每个企业家都有一个上市梦，该企业创始人潘某也不例外，他认为时机合适，公司该进入资本运作阶段了，就准备启动上市计划。然而，初创发起人（股东）中出现了不同的声音，导致上市梦一直不能实现。

经了解，公司创始人共5人，有亲戚和同学。当初一心为好，股份5个人均分（一心为好是的说好听，其实这是很多合伙人存在的问题，占多占少都不好意思说，事前不明确，对未来没预期）。股权均分，是个大“雷”，终究要爆。

多次股东会均未达到法律规定的相关比例，公司也不能在资本市场开始运作，借助资本市场更上一层楼，未来的路，艰难险阻。

法律小常识

股东会会议由股东按照出资比例行使表决权，但公司章程另有规定的除外。股东会的议事方式和表决程序，除《中华人民共和国公司法》有规定外，由公司章程决定。

股东会会议做出修改公司章程、增加或减少注册资本的决议，以及公司合并、分立、解散或者变更公司形式的决议，必须经代表 2/3 以上表决权的股东通过。

公司上市属于上述法律规定中的事项，必须经 2/3 以上，就是 66.7% 以上股东表决通过。

这里又提到了公司章程，作为创始人，如果必须股权均分，起码我们要知道股权均分可能带来的障碍，我们可以在章程中约定：同股不同权（权是指表决权）来规避股权均等的一些“雷区”。

第二章　企业经营

| 第一节 合同相对人经营状况未审查

| 案例

山东某大型食品有限公司，主营大枣和葡萄干等产品，在新疆有自己的生产场地，供应山东国有以及大型连锁商超，公司干果在商超占比超 80%。

2019 年 6 月，该公司与某县某养殖企业签订了购货合同，约定公司向养殖企业采购 120 吨大枣，付款后 3 天内发货。

公司按约定付款，但养殖企业一直未履行交货义务。后经多次沟通均以各种理由推脱，最后公司只能将养殖企业诉至法院，但是却被法院驳回诉讼。

公司找到我，了解情况后我建议公司第二次起诉养殖企业的所有股东。最终公司维护了自己的合法权益，但是我认为这是侥幸的。

细思极恐，签订合同时该注意什么？

经过了解，该养殖企业在签订合同前已被列入企业经营异常名录，签订合同后不久便做了注销登记。

第一次起诉，因被告已注销，主体资格不适格，被驳回起诉。第二次起诉，将股东全部起诉，要求承担股东责任。

| 法律小常识

签订合同时，一定要穷尽所有方法审查对方的身份以及经营情况。

企业法人解散的，依法清算并注销前，以该企业法人为当事人，未依法清算即被注销的，以该企业的股东、发起人或者出资人为当事人。

| 第二节　合同纠纷争议解决约定不明确

| 案例

当事人在签订合同时，一般会约定合同争议的解决方式。一旦合同双方协商不成引发诉讼纠纷，合同中的管辖条款往往是“兵家”必争之地。诉讼成本、地区差异性等因素，会影响案件进程甚至案件结果。

“甲乙双方应认真履行本合同 / 协议，履行过程中发生纠纷应友好协商解决，协商不成的可向原告 / 被告 / 合同签订地……法院管辖。”

“甲乙双方应认真履行本合同 / 协议，履行过程中发生纠纷应友好协商解决，协商不成的可由 XX 仲裁机构仲裁。”

“甲乙双方应认真履行本合同 / 协议，履行过程中发生纠纷应友好协商解决，协商不成的可向原告 / 被告 / 合同签订地……法院管辖或由 XX 仲裁机构仲裁。”

以上 3 个合同条款是否眼熟?

| 法律小常识

当事人约定争议可以向仲裁机构申请仲裁也可以向人民法院起诉，仲裁协议无效。“或裁或审”条款整体无效，按法定管辖的规定重新确定管辖法院。

| 第三节 员工离职带走客户

| 案例

山东济南某化工企业，因某产品国外需求量大增，急需招聘一批英语水平高的外贸类销售员。公司在 2010 年夏季，招聘了一批国际贸易专业的大学生，专门负责公司外贸业务。

刘某就是其中的一名，他业务非常优秀，连续 5 年被评为外贸部销售冠军。2016 年，刘某辞职，自己开始创业。

刘某的业务跟原任职企业一样，做外贸。因为他有外贸经验，有原任职公司的客户资料，公司刚起步就发展得很顺利。

该企业发现时，原客户已跟刘某建立了稳定的合作。该化工企业只能哑巴吃黄连。

经了解，该企业为了不支付刘某竞业限制费用，所以未跟刘某签订竞业限制协议，最终也没有去找刘某麻烦。其实，企业虽然没有签竞业限制协议，但是起码要通知自己的相关客户刘某已经离职的情况。

| 法律小常识

竞业禁止：

《中华人民共和国公司法》针对竞业禁止的规定：“董事、高级管理人员未经股东会或者股东大会同意，不得利用职务便利为自己或者他人谋取属于公司的商业机会，自营或者为他人经营与所任职公司同类的业务”。

竞业禁止是法律对董事、高级管理人员忠实义务在法律上进一步的细化，通过法律明确规定禁止董事、高级管理人员在任职期限内与任职单位展开竞争。

竞业限制义务：

从竞业禁止还可以引申出竞业限制义务，即用人单位与劳动者通过合同约定，由用人单位支付给劳动者一定的经济补偿，以此限制劳动者在劳动合同终止后的一定期限、范围和地域内与用人单位展开同业竞争。

简言之，竞业限制义务是约定义务。

第四节 定金、订金表述不规范

案例

2019年8月，李某（乙方）与山东新泰某公司（甲方）签订购销合同1份，购销合同第四条内容为："交货时间：2019年8月19日至2019年8月23日。（若甲方在约定时间内无法交付货物，甲方于2019年8月25日之前将定金退回至乙方打款账户。）"；第六条内容为："付款方式：由乙方向甲方支付总货款10%的定金，待乙方验收合格并且装完车后，付清余款。"

合同签订后，原告按照新泰某公司要求将定金669263.5元转至公司指定账户。

2019年9月新泰某公司出具保证书两份，内容为："因我公司（新泰某有限公司）未能按照合同约定提供给原告所定的……，我公司于2019年9月将原告订货订金（合计人民币：669263.5元，大写陆拾陆万玖仟贰佰陆拾叁元伍角）退至原告指定账号。特此为证！"

原告称，几次通过电话和新泰某公司要求赔偿经济损失，把款退回后，本次业务因被告违约给原告造成了重大损失，第一次谈要的是经济损失，我方收到钱后提出了双倍返还。

法院认为，原告乙方与被告甲方新泰某公司之间的买卖合同是双方的真实意思表示，不违背法律规定，为有效合同，被告公司未按合同约定供应货物，构成违约。关于定金（订金）是单倍返还还是双倍返还的问题：

首先，从购销合同中第四条、第六条的约定可以看出，如被告公司违约，应将定金退回至打款账户，而非双倍赔偿。

其次，原告收到被告公司关于 2019 年 9 月将原告订货定金退至原告指定账号的保证书时，并未提出异议，而是要求经济损失，说明原被告在购销合同第二条约定的退回定金指的是全额退回，而非双倍退回，该条的定金实质为订金，对此在原告收到退款之前是认可的。

第三，在被告某公司给原告出具的保证书中明确记载退回的是订货订金，而原告也未提出异议，被告公司也履行了退回义务，说明原告对本案争议的 669263.5 元在被公司退回之前是认可为订金的，是认可单倍返还的。

综上，原被告在购销合同约定的是单倍返还定金（订金），而非双倍返还，故原告要求被告公司返还双倍定金的主张，法院不予支持。

法律小常识

定金和订金这两个词到底如何使用，有什么区别？

（1）二者产生的基础法律关系不同。

定金：定金合同相对主合同而言是从合同，除非当事人有特殊约定，主合同无效则定金合同亦无效。

订金：当事人关于订金的约定是属于主合同的。

（2）二者的功能不同。

定金：定金一经给付，就发挥制裁违约方、补偿守约方的功能。适用“定金罚则”。

订金：订金给付后，如果发生一方违约，导致需要解除合同时，收受订金的一方必须如数退还订金。

（3）二者的适用范围不同。

定金的担保方式可适于各种合同。

订金只适用于金钱的给付，为一方履行债务的合同。多见于买卖合同、租赁合同和承揽合同等合同中。

特别提醒：不能只简单地看写的是定金还是订金，通过上述案例可知，还需要综合合同中的相关约定以及实际操作中的相关证据因素

| 第五节 债权、债务转让傻傻分不清

| 案例

2016 年 7 月，张某因资金周转，向刘某借款 23 万元，约定 2017 年 7 月归还，利息为月息 2 分，利息每月 30 日前支付。刘某按照借款约定通过银行转账形式将 23 万元转给了张某。

到期前刘某打电话给张某，提醒即将到期，记得按时还款。张某这时告诉刘某："我跟李某签了债务转让协议，李某负责还钱。我借您的钱，您直接找李某就可以了。"刘某不同意，认为张某没有提前通知自己，遂继续要求张某偿还，张某到期后拒不归还，刘某遂诉至法院。

法院经审理，认为双方在法律规定范围内签订借款协议（借条形式体现），合法有效。张某跟李某约定由李某归还刘某的钱，系债务转让行为，债务转让需通知债权人且应取得债权人的同意。故该案中，因未通知刘某，债权转让无效。张某仍需承担还款义务。

随着社会经济的不断发展，市场的不断开放，企业在发展过程中，解决资金需求的途径越来来越多，其中方便及时的途径之一就是从自己的亲戚、同学或朋友等处借钱，或者找兄弟企业借钱。这就是现在发生最多的民间借贷纠纷。

欠债还钱，天经地义。这个是常识，相信大家都懂。但随着民间借贷的

普遍以及多重借贷关系的发生，让很多人都踩了坑。这个坑就是债权或债务转让法律关系。

债权转让：A 向 B 借钱，之后 B 通知 A，欠款向 C 支付。即 B 将“B 对 A”的债权转让给了 C。此转让是否有效？

债务转让：A 向 B 借钱，之后 A 通知 B，C 将向 B 还款。即 A 将“A 对 B”的债务转让给了 C，此转让是否有效？

| 法律小常识

根据相关法律规定：债权转让，只需通知债务人，即可有效。债务转让，不仅要通知债权人，还需债权人同意。

以上哪个转让有效，一看就明白，第二个无效。但在现实中 A 往往以为债务已经转移。

细想一下，这种债务转让不但无效，而且可能已经又有了一笔可小也可大的损失。

| 第六节 你会正确书写借条、欠条吗

| 案例

“今借张某 12 万元。”

“今借张某 12 万元，于 2020 年 10 月 1 日归还。”

“今欠张某 12 万元。”

“今欠张某 12 万元，于 2020 年 10 月 1 日归还。”

乍一看，似乎二者代表的意思是一样的，借条和欠条都属于债权凭证，它们的法律效力也没有高低之分，但它们在法律上所代表的意义是有区别的，书写规范也有所不同。

| 法律小常识

1. 欠条和借条的性质不一样

它们形成的原因不同，借款主要是因借贷而产生，欠款则可能是因为买卖、租赁或利息等原因产生。

2. 欠条和借条诉讼时效不同

（1）借条的诉讼时效

约定还款期限的借条：诉讼时效从还款期限届满的次日起计算满 3 年。

没有约定还款期的借条：依照《合同法》第二百零六条，对借款期限没有约定和约定不明确的，借款人可以随时返还，出借人可以催告借款人在合理期限内返还。据此，根据相关律规定，没有约定还款期限的借条，其诉讼时效从出借人主张返还之日的次日起开始计算 20 年。

（2）欠条的诉讼时效

约定还款期限的欠条：诉讼时效从还款期限届满的次日起计算满 3 年。需要说明的是，此类诉讼案由应为基础法律关系。

没有约定还款期限的欠条：最高人民法院在《关于债务人在约定的期限届满后未履行债务而出具没有还款日期的欠条诉讼时效期间应从何时开始计算问题的批复 [法复 (1994)35 号] 中》指出："双方当事人原约定供方交货后，需立即付款，需方收货后无款可付，经供方同意写了没有还款日期的欠款条。根据相关法律规定，对此应认定诉讼时效的中断。如果供方在诉讼时效中断后一直未主张权利，诉讼时效期间则应从供方收到需方所写的欠款条之日的第二天开始重新计算"。

据此，此类欠条的诉讼时效应从出具欠条之日起开始计算。

| 第七节 租赁合同不规范，可随时被解除

| 案例

上海某化妆品公司，从 2017 年开始通过微信朋友圈、微博以及视频等方式宣传公司产品，销量骤增，公司现有场地已不能适应企业的发展需求。

因公司货物均从杭州发出，遂在 2018 年 6 月联系杭州某工业园，商讨租赁仓库事宜，经过协商确定以 3 万元 / 月的价格租赁工业园的一个仓库。

根据协商约定：工业园将仓库内物品全部清空，公司支付三个月房租和一个月租金金额的押金。2019 年 1 月，公司突然提出解除合同不再租赁。工业园无奈只能同意，将未实际使用的仓库的租金和押金退还上海公司。

经了解，该租赁行为全部通过电话或微信完成，双方仅做了口头约定，一直未签订（补签）书面协议。

生活中大家都说应该提前一个月通知，上海公司违约了，应承担责任。法律是怎样规定的呢？

法律小常识

租赁期限六个月以上的，应当采用书面形式。当事人未采用书面形式的，视为不定期租赁。当事人对租赁期限没有约定或者约定不明确，依照《中华人民共和国合同法》的相关规定仍不能确定的，视为不定期租赁。当事人可以随时解除合同，但出租人解除合同应当在合理期限之前通知承租人。

第八节 借贷保证方式不清楚

案例

随着民间借贷的快速发展，违约率的逐步提升，出借人面对巨大的收入诱惑，仍然继续出借资金，但是为了最大限度地降低风险，开始选择保证的方式出借款项，即当出借人和借款人签订借贷合同时，出借人为了多一些保障，往往要求借款人额外找一个保证人提供担保。

你知道保证担保，是否知道保证的法律效力？对保证的法律规定又是什么？自己的约定方式属于哪种？

法律小常识

保证担保是指保证人和债权人约定，当债务人不履行债务时，保证人按照约定履行债务或者承担责任的行为。

保证责任的承担方式有两种：一种是一般保证，即当事人在保证合同中约定，债务人不能履行债务时，则保证人承担保证责任；一种是连带责任保证，即当事人在保证合同中约定保证人与债务人对债务承担连带责任。

根据《中华人民共和国民法典》规定：当事人对保证方式没有约定或者约定不明确的，按照一般保证承担保证责任。

第九节 借贷保证期限不明确

案例

上节我分析了保证方式，在借贷中采取了保证担保这一保障性约定。

这样若是借款人过后违约不按规定还钱时，出借人还可以要求保证人还钱，保证人的担保期限按照合同里的约定。但对于担保期限约定，该如何认定呢？

法律小常识

保证合同约定的保证期限早于或者等于主债务履行期限的，视为没有约定，保证期限为主债务履行期届满之日起六个月。

保证合同约定保证人承担保证责任直至主债务本息还清时为止等类似内容的，视为约定不明，保证期限为主债务履行期届满之日起两年。

第三章 物权保护

本章内容由郁志成律师提供。

郁志成，山东财经大学法学金融双学士，山东瀛岱律师事务所律师，房产纠纷专业律师，对商品房、二手房买卖、房产租赁和房屋产权等涉房产纠纷有深入研究，代理过众多新建住宅小区业主群体维权案件，取得良好的法律和社会效果。

第一节 合同签订是否取得不动产所有权

案例

事情发生在山东青州，杨某于2015年购买了张某位于青州某小区一楼房，双方约定，杨某先付房款的50%，待凑齐剩余50%房款后双方办理房屋过户手续。杨某按约定支付了50%房款。

一个月后杨某联系张某，商议办理过户事宜，张某却告知杨某，房屋已出售给刘某，杨某支付的房款需要过段时间才能退回。经过多次交涉无果后，杨某一纸诉状起诉了张某，要求继续履行房屋买卖合同。

经了解，杨某购买张某房屋后，张某在网上销售房屋的广告未撤除，刘某通过广告联系到张某询问房屋买卖事宜，而张某见刘某出价高，就跟刘某签订了买卖合同，并办理了过户登记。

经过庭审，法院判决，基于房屋已过户给刘某的事实，继续履行合同已无现实可能性，故驳回杨某要求继续履行合同的诉讼请求。其他民事权利义务关系，可另行起诉。

法律小常识

不动产权属证书是权利人享有该不动产物权的证明。不动产权属证书记载的事项，应当与不动产登记簿一致；记载不一致的，除有证据证明不动产登记簿确有错误外，以不动产登记簿为准。

| 第二节 签了抵押合同就有抵押权吗

| 案例

在民间借贷里面，出借人为了保障自己的权益，降低资金无法收回的风险，往往会要求借款人提供保证，除了保证人外还可以要求借款人提供物品来做担保，最常见的就是房产抵押的方式。

李某因资金周转向张某借款一百万元，李某同意用自己名下的房产做担保，抵押给张某，在相关事宜协商好后双方签订了借款合同和房屋抵押保证合同。张某认为风险可控了，遂通过银行转账方式将钱给了李某。后李某因经营不善，不能偿还张某的借款，张某遂诉至法院，要求将抵押房产变现偿还自己的借款。

通过了解，张某未能将李某的房产变现，也未能将自己的借款收回。李某跟张某签订合同后时间不长，李某将房屋出售给了刘某。张某不明白，已经签订了抵押合同，为什么还能将房屋出售？他想通过自己签订的抵押合同，要求刘某返还，法院为何也不支持？

| 法律小常识

在本案例中，出现了两个法律概念：抵押合同和抵押权。抵押合同的签订只是双方对抵押关系的确认，并未实现抵押权。抵押权需通过办理抵押登记来实现。抵押房产办理抵押登记后，该房产便不能随意买卖，这样才能真正起到保障的作用，降低出借人的风险，更好地保护出借人的权益。

第四章 企业治理与股东权利

| 第一节 注销登记未清算

| 案例

山东寿光某农业公司与山东青州某塑业公司于2014年签订了采购合同，约定寿光公司从塑业公司采购大棚农膜，具体采购型号及数量以每次的采购订单为准，货款按季度结算，合同期限五年。

两家公司一直合作很顺利，可是寿光公司自2017年开始出现了延期付款的情况，且最后一次应于2017年3月结算的款项，一直到9月还未结算。青州公司遂将寿光公司诉至法院，要求支付货款。但是青州公司的诉讼未得到法院支持。

欠了货款，却得不到法院的支持？不是的，只是在起诉时被告不能是公司，而应起诉公司的股东。这是为什么？

经了解，寿光公司因经营不善导致运营困难，无力偿债，已办理了注销登记。但在注销时，还未进行清算。他们本以为公司注销了，就不用承担责任了，却因未清算，股东自己直接成了被告，继续承担支付货款的责任。

| 法律小常识

企业法人解散的，依法清算并注销前，以该企业法人为当事人，未依法清算即被注销的，以该企业法人的股东、发起人或者出资人为当事人。

第五章　劳动用工

| 第一节 公司未缴纳社会保险

| 案例

经过初试和复试，刘某顺利通过了A公司的录取考核。办理入职手续时，刘某提出不用缴纳五险，拿出缴纳保险钱的一部分当作工资发放。

公司起初不同意，刘某提出可以签个协议，自己自愿不缴纳五险，不会追究公司任何责任。刘某在公司工作了一年时间，期间因工作原因，跟公司发生了纠纷，双方又无法协商解决，刘某选择了仲裁解决纠纷，其中一个诉求：补缴社会保险。

刘某很清楚自己与公司签了不需要缴纳社保的协议，为什么还会提出这个诉求？

后经了解，刘某因个人原因不能胜任原有职位的工作，公司与刘某商量换新的工作岗位，但是刘某不同意，公司遂做出了辞退刘某的决定。刘某于是对公司提出了仲裁程序。仲裁机构支持了刘某关于要求企业缴纳五险的请求。

| 法律小常识

合同的签订是双方合意的结果，但有一个前提，合意的内容不能违背法律的强制性规定。不缴纳五险，违背了法律的强制性规定（企业必须为员工缴纳五险），所以公司与员工的协议无效，自然得不到仲裁的支持。

刑事篇

企业家的办公室与监狱只有一墙之隔

刑事律师办理的不是案子

而是别人的人生

第六章　破坏社会主义市场经济秩序罪

第一节 食用后的火锅油重新熬制再销售，是节约再利用吗

生产、销售有毒、有害食品罪

案例

南充市某区公诉机关指控，2019 年 7 月，被告人蒋某在顺庆区钟家巷子经营某火锅店，被告人张某受雇负责厨房事务，被告人雍某负责起锅、炼油等。

为了招揽顾客，降低成本，被告人蒋某和张某商量，由张某教给被告人雍某操作方法，由雍某将顾客食用火锅后的剩余油脂进行回收，重新熬制加工，加工后的油脂用于制作火锅底料重复销售给顾客食用。2019 年 11 月因顾客举报案发。三被告人的行为构成了生产和销售有毒、有害食品罪，三被告被判处八个月至一年四个月不等的刑期。

据了解，三被告均认为他们的行为不是犯罪，他们只是为了降低成本，重复利用油脂，最多是违背了道德或是被发现后受到工商部门或食品药品监督局的处罚。三被告也不认为自己的行为是使用地沟油。

法律小常识

定义

生产、销售有毒、有害食品罪，是指在生产、销售的食品中掺入有毒、

有害的非食品原料的，或者销售明知掺有有毒、有害的非食品原料的食品的，处五年以下有期徒刑，并处罚金；对人体健康造成严重危害或者有其他严重情节的，处五年以上十年以下有期徒刑，并处罚金；致人死亡或者有其他特别严重情节的，依照本法第一百四十一条的规定处罚。

构成

1. 本罪的犯罪客体

本罪侵犯的客体为复杂客体，包括了国家对食品卫生的监督管理秩序和广大消费者的生命、健康权利。

2. 本罪的客观方面

本罪在客观方面表现为，违反国家食品卫生管理法规，对生产、销售的食品掺入有毒、有害的非食品原料或者销售明知掺有有毒、有害的非食品原料的食品的行为。

（1）行为人实施的行为必须是违反国家食品卫生管理法规的行为。违反国家食品卫生管理法规，是指违反《食品卫生法》《禁止食品加药卫生管理办法》《食品营养强化剂卫生管理办法》《新资源食品卫生管理办法》和《保健食品管理办法》等法律法规。在司法实践中，本罪违反的国家食品卫生管理法规，主要是违反《食品卫生法》的相关规定。

（2）行为人实施了掺入了有毒、有害的非食品原料的行为。所谓有害的物质，是指被摄入人体后，对人体的组织、机能产生影响、损害的物质。有毒、有害的非食品原料同食品添加剂、食品强化剂是不同的。食品添加剂是指为了改善食品品质和食品的色、香、味，以及为了防腐和加工工艺的需要而加入食品中的化学合成物或者天然物质。食品强化剂是指为了增加营养成分而加入食品中的天然的或者人工合成的属于天然营养素范围的食品添加剂。合乎食品生产标准和生产工艺的食品添加剂和食品强化剂不属于有毒、有害的非食品原料。这里所说的食品原料是指粮食、油料、肉类、蛋类、糖类、薯类、蔬菜类、水果、水产品、饮品和奶类等可以制造食品的基础原料。

（3）在司法实践中，行为人实施本罪，首先掺入的是有毒、有害物质。如制酒时加入工业酒精加工成食用酒，在汽水中加入国家严禁使用的色素，还有的在牛奶中加入石灰水等。

其次，行为人掺入的是有毒、有害的非食品原料，即这些物质是根本不能食用的原料。如用工业酒精兑制白酒，在牛奶中掺入石灰水，在香油中掺入柴油，用工业盐酸制造酱油等。

如果行为人掺入的是食品原料，尽管可能有一定的毒性、有一定的害处，不构成本罪。如行为人掺入酸败的油脂，变质的水果等用于所生产、销售的食品中，不构成本罪。如果有以上行为，造成严重后果或者销售金额达到五万元以上的，可以按照其他罪如生产、销售不符合卫生标准的食品罪，生产、销售伪劣产品罪等论处。

（4）掺入有毒、有害的非食品原料的对象应为生产、销售的食品。即是在生产、销售的食品中掺入了有毒、有害的非食品原料，虽有掺入有毒、有害的非食品原料的行为，但是不是在自己所生产或销售的食品中，如在他人食用的食品中掺入有毒、有害的非食品原料，不构成本罪，构成犯罪的，应以其他犯罪论处。

3. 本罪的犯罪主体

本罪的犯罪主体是一般主体，自然人和单位，单位犯本罪的，实行双罚制。

4. 本罪的主观方面

本罪在主观方面只能由故意构成，本罪为行为犯。只要行为人出于故意实施了在所生产、销售的食品中掺入有毒、有害的非食品原料之行为，或者明知是掺有有毒、有害物质的食品仍然予以销售的行为，就构成本罪。如果有以上行为，造成受害人死亡、中毒或者健康受到损害，在量刑时作为量刑情节适用。

认定

（1）根据《最高人民法院、最高人民检察院关于办理危害食品安全刑事案件适用法律若干问题的解释》第九条规定，在食品加工、销售、运输、贮存等过程中，掺入了有毒、有害的非食品原料，或者使用有毒、有害的非食品原料加工食品的，依照刑法第一百四十四条的规定，以生产、销售有毒、有害食品罪定罪处罚。

在食用农产品种植、养殖、销售、运输和贮存等过程中，使用禁用农药、兽药等禁用物质或者其他有毒、有害物质的，适用前款的规定定罪处罚。

在保健食品或者其他食品中非法添加国家禁用药物等有毒、有害物质的，适用第一款的规定定罪处罚。

（2）《最高人民法院、最高人民检察院关于办理危害食品安全刑事案件适用法律若干问题的解释》第十四条规定，明知他人生产、销售不符合食品安全标准的食品，有毒、有害食品，具有下列情形之一的，以生产、销售不符合安全标准的食品罪或者生产、销售有毒、有害食品罪的共犯论处：

① 提供资金、贷款、账号、发票、证明、许可证件的；

② 提供生产、经营场所或者运输、贮存、保管、邮寄、网络销售渠道等便利条件的；

③ 提供生产技术或者食品原料、食品添加剂、食品相关产品的；

④ 提供广告等宣传的。

（3）构成本罪同时构成第一百四十条“生产、销售伪劣产品罪”的，依照处刑较重的规定定罪处罚。

| 区分

1. 实践中把握生产、销售有毒、有害食品罪与非罪的界限应当注意以下几点

（1）是否违反食品卫生法规，尤其注意是否违反《食品卫生法》。违反食品卫生法规是构成本罪的前提，不违法就不构成犯罪。

（2）生产销售食品是否有毒、有害。判断食品中是否有毒、有害，要由专业的食品卫生监督机关进行鉴定。如果无毒、无害或者毒性很小，危险性也很小，则不构成犯罪。

（3）行为人主观上是否出于故意。如果行为人出于过失，不知道生产销售的食品是有毒、有害的食品且没有造成严重后果，则不构成犯罪。

2. 本罪与生产、销售不符合卫生标准的食品罪的界限

两罪在犯罪客体、主体和主观方面具有相同或者相似之处。广义来说，掺入有毒、有害的非食品原料的食品，本身也是一种不符合卫生标准的食品。但生产、销售有毒、有害食品罪与生产、销售不符合卫生标准的食品罪的主要区别在于：

（1）犯罪的对象不同。犯罪对象是含有有毒、有害物质，可能对消费者即不特定多数人的生命、健康权利造成不利影响的食品；而生产、销售不符合卫生标准的食品罪的犯罪对象则要广泛得多，主要是不符合卫生标准的食品。

（2）犯罪客观方面的行为不同。本罪在客观方面表现对在生产、销售的食品掺入有毒、有害的非食品原料或者销售明知掺有有毒、有害的非食品原料的食品的行为；生产、销售不符合卫生标准的食品的客观方面表现为食品中掺杂、掺假，以假充真，以次充好或者以不合格食品冒充合格食品的行为。

（3）生产、销售有毒、有害食品罪是行为犯罪，不要求必须有实害结果的发生。生产、销售不符合卫生标准的食品罪是危险犯罪，只要出现法定的危险状态，就构成该犯罪的既遂。

3. 本罪与投放危险物质罪的界限

投放危险物质罪是指故意投放有毒性、放射性或传染病病原体等危险物质，危害公共安全的行为。投放危险物质罪中的投放有毒性物质的行为和生产、销售有毒、有害食品罪在客观方面都使用了毒物，并且均危害了公共安全，有一定的相同或者相似之处。但它们的区别也是明显的，主要是：

（1）犯罪客体不尽相同。投放危险物质罪的客体为公共安全；本罪的客体为复杂客体，具体包括国家对食品卫生的监督管理秩序和广大消费者即不特定多数人的生命、健康权利。

（2）犯罪客观方面不尽相同。投放危险物质除了可以在食品中投放有毒物质外，也可以在其他场合投放有毒物质；本罪在客观方面表现为在生产、销售的食品中掺入有毒、有害的非食品原料或者销售明知掺有有毒、有害的非食品原料的食品。

（3）犯罪主体不尽相同。投放危险物质的主体为一般主体且只能是自然人，14 周岁以上的人可以构成投放危险物质罪；本罪的主体为生产者、销售者，既可以是年满 16 周岁的自然人，也可以是单位。

| 量刑

构成本罪依据具体情形可分别承担如下刑事责任：

（1）在生产、销售的食品中掺入有毒、有害的非食品原料的，或者销售明知掺有有毒、有害的非食品原料的食品的，处五年以下有期徒刑或者拘役，并处或者单处销售金额百分之五十以上二倍以下罚金。《最高人民法院、最高人民检察院关于办理危害食品安全刑事案件适用法律若干问题的解释》第五条规定，“对人体健康造成严重危害”指：

① 造成轻伤以上伤害的；

② 造成轻度残疾或者中度残疾的；

③ 造成器官组织损伤导致一般功能障碍或者严重功能障碍的；

④ 造成十人以上严重食物中毒或者其他严重食源性疾病的；

⑤ 其他对人体健康造成严重危害的情形。

（2）造成严重食物中毒事故或者其他严重食源性疾患，对人体健康造成严重危害的，处五年以上十年以下有期徒刑，并处销售金额百分之五十以上二倍以下罚金。《最高人民法院、最高人民检察院关于办理危害食品安全刑事案件适用法律若干问题的解释》第六条规定：生产、销售有毒、有害食品，具有下列情形之一的，应当认定为刑法第一百四十四条规定的“其他严重情节”：

① 生产、销售金额二十万元以上不满五十万元的；

② 生产、销售金额十万元以上不满二十万元，有毒、有害食品的数量较大或者生产、销售持续时间较长的；

③ 生产、销售金额十万元以上不满二十万元，属于婴幼儿食品的；

④ 生产、销售金额十万元以上不满二十万元，一年内曾因危害食品安全违法犯罪活动受过行政处罚或者刑事处罚的；

⑤ 有毒、有害的非食品原料毒害性强或者含量高的；

⑥ 其他情节严重的情形。

（3）致人死亡或者对人体健康造成特别严重危害的，处十年以上有期徒刑、无期徒刑或者死刑，并处销售金额百分之五十以上二倍以下罚金或者没收财产。

《最高人民法院、最高人民检察院关于办理危害食品安全刑事案件适用法律若干问题的解释》第七条规定：生产、销售有毒、有害食品，生产、销售金额五十万元以上，或者具有本解释第四条规定的情形之一的，应当认定为刑法第一百四十四条规定的“致人死亡或者有其他特别严重情节”。

（4）单位犯本罪的，单位判处罚金，并对其直接负责的主管人员和其他责任人员依上述规定处罚。《最高人民法院、最高人民检察院关于办理危害食品安全刑事案件适用法律若干问题的解释》第十七条规定，犯生产、销售不符合安全标准的食品罪，生产、销售有毒、有害食品罪，一般应当依法判处生产、销售金额二倍以上的罚金。

| 法条

第一百四十四条　在生产、销售的食品中掺入有毒、有害的非食品原料的，或者销售明知掺有有毒、有害的非食品原料的食品的，处五年以下有期徒刑，并处罚金；对人体健康造成严重危害或者有其他严重情节的，处五年以上十年以下有期徒刑，并处罚金；致人死亡或者有其他特别严重情节的，依照本法第一百四十一条的规定处罚。

第一百四十九条　生产、销售本节第一百四十一条至第一百四十八条所列产品，不构成各该条规定的犯罪，但是销售金额在五万元以上的，依照本节第一百四十条的规定定罪处罚。生产、销售本节第一百四十一条至第一百四十八条所列产品，构成各该条规定的犯罪，同时又构成本节第一百四十条规定之罪的，依照处罚较重的规定定罪处罚。

第一百五十条　单位犯本节第一百四十条至第一百四十八条规定之罪的，对单位判处罚金，并对其直接负责的主管人员和其他直接责任人员，依照各该条的规定处罚。

第二节 股权融资一定是合法的融资吗

非法吸收公众存款罪

案例

2015 年 10 月至 2016 年 2 月间，被告人金某在担任常州某资产管理有限公司法定代表人期间，以公司名义与常州某药业有限公司签订《股权融资专项总顾问协议》，约定由常州某资产管理有限公司为常州某药业有限公司完成融资工作，按照到账金额的 46.5% 支付佣金。

同时常州某资产管理有限公司与被告人王某担任法定代表人的江苏某投资管理有限公司签订《股权融资顾问协议》，约定由江苏某投资管理有限公司为常州某药业有限公司融资提供服务，按照到账金额的 35% 支付佣金。

被告人金某和王某遂以常州某药业有限公司增资扩股的名义，承诺股权回购给予固定回报等，通过微信、QQ 和众筹等平台，向社会不特定人员吸收资金。

其中被告单位常州某资产管理有限公司吸收公众资金共计人民币 1777.74 万元，获得佣金共计人民币 700 余万元；被告单位江苏某投资管理有限公司吸收公众资金共计人民币 1216.94 万元，获得佣金共计人民币 300 余万元。

事后了解得知，案例中两公司以及法定代表人也均受到了刑事处罚。常州某药业有限公司和法定代表人也以非法吸收公众存款罪和诈骗罪受到了刑事处罚。

法律小常识

定义

非法吸收公众存款罪，是指违反国家金融管理法规非法吸收公众存款或变相吸收公众存款，扰乱金融秩序的行为。准确理解非法吸收公众存款罪的关键在于首先要坚持该罪的行为主体的不特定性和危害金融秩序的具体性的统一。

构成

1. 本罪的犯罪客体

本罪侵犯的客体，是国家金融管理制度。存款是指存入金融机构保管并可以由其利用的货币资金或有价证券，它是吸收存款的金融机构信贷资金的主要来源。

根据我国有关金融法律、法规的规定，商业银行和城乡信用合作社等非银行金融机构可以经营吸收公众存款业务，证券公司、证券交易所和保险公司等金融机构以及任何非金融机构和个人则不得从事吸收公众存款业务。从事吸收存款业务的金融机构在开展业务时，不仅应当遵循平等、自愿、公平和诚实信用原则，遵守法律、行政法规的有关规定，不损害国家利益、社会公共利益；同时，还应当遵守公平竞争的原则，不得从事不正当竞争。

如果上述可以经营吸收公众存款业务的金融机构采取非法手段吸收公众存款，或者不得经营吸收公众存款业务的金融机构以及非金融机构、个人非法吸收或者变相吸收公众存款，必然影响国家对金融活动的宏观监管，损害金融机构的信用，损害存款人的利益，扰乱金融秩序，最终会影响国民经济的发展和社会的稳定。

我国实行市场经济以来，由于贷款需求的扩张，各种非法吸收公众存款或者变相吸收公众存款的现象日益突出，这对国家金融秩序的稳定造成了极大的冲击。因此，本法继全国人大常委会《关于惩治破坏金融秩序犯罪的决定》之后将非法吸收或者变相吸收公众存款的行为规定为犯罪予以惩治。

本罪的犯罪对象是公众存款。所谓存款是指存款人将资金存入银行或者其他金融机构，银行或者其他金融机构向存款人支付利息的一种经济活动。所谓公众存款是指存款人是不特定的群体，如果存款人只是少数个人或者是特定的，不能认为是公众存款。

2. 本罪的客观方面

本罪在客观方面表现为行为人实施了非法吸收公众存款或变相吸收公众存款的行为。

本罪的行为方式主要表现为以下三大类：

（1）以不法提高存款利率的方式吸收存款，扰乱金融秩序。其主要表现方式为：吸收存款人径直在当场交付存款人或储户的存单上开出高于央行法定利率的利率数来。因而此种方式又可简称为“账面上有反映”方式。

存款利率和贷款利率一样，是中央政府对本国市场经济进行宏观调控的重要经济杠杆。一般情况下，国家需要刺激和扩大社会总体消费时，多降低存款利率，反之，当国家需要控制市场消费、以更多回笼货币来投入更大量的社会扩大再生产以加强社会生产力度时，多提高存款利率。基于此，无论是存款、贷款利率，各国一般都由央行统一制定和发布。

我国也一样，在我国，除了中央银行以外，任何其他单位、团体包括其他金融机构乃至央行以外的其他政府机构均不得擅自提高存款或贷款利率。凡以不法提高利率的办法来吸收存款、争夺存款大户者，其行为显然违反我国《商业银行法》第 47 条的规定，同时也扰乱了我国金融竞争秩序，行为法人依法应负刑事责任。

（2）以变相提高利率的方式吸收存款、扰乱金融秩序。所谓变相提高存款利率，是指吸收存款人虽未在开付出去的存单上直接提高存款利率，但却通过存款之际先行扣付、或允诺事后一次性地给付或许以其他物质、经济利益好处的方式来招揽存款，以使存款方在事实上获得相当于提高存款利率的“实惠”后，欣然“乐于存款”于该吸收人所在银行或其他金融机构。此种方式，又可简称为“账面上无反映”方式。实践中，行为人以变相提高利率的方法来吸收存款的具体方式多种多样，大致有：

1）以“体外循环”手法非法以贷吸存。“体外循环”又称“绕规模”，通常指贷方银行或其他金融机构未在上级行规定的放贷规模内放贷，而以账外吸收存款、账外发放贷款的违规操作法存贷。通俗地说，体外循环就是谁能给我拉来存款，我就将此笔放贷规模“体”的存款的全部或大部返贷给谁。此种体外循环本身，如其“造成重大损失”者，也属本法第一百八十七条所规定的用账外资金非法拆借、发放贷款罪行为。

2）以在存款中先补足自己擅自抬高的利率息差的方式非法吸收存款。此种情况下，吸收存款人为了不从账面上反映出自己不法提高利率的违规操作情况，往往采用在存款人前来存款之际，直接从存款人交付存款的账上为存款人划出一笔款项作为自己擅自抬高了的利率的息差，补偿给存款人，从而在事实上抬高了存款利率，并以此高利手段来吸引存款人前来自己所在银行或金融单位存款。

3）以擅自在社会上大搞有奖储蓄的办法非法吸收公众存款。其实质，仍然是变相抬高国家所规定的存款利率，情节严重者，必定扰乱整个社会的金融秩序。

4）以暗自先行给付实物或期约给付实物的手段非法吸收存款。例如有的金融单位以向存款大户提供若干台豪华轿车的方式吸引存款；有的许诺存款人存款以后的一定时间内，为其提供计算机 XX 台等等。

5）以暗自期许存款方对其动产、不动产的长期使用权来非法招揽存款。例如有的银行长期免费提供房屋使用权给该行存款大户头单位等。

（3）依法无资格从事吸收公众存款业务的单位非法吸收公众存款，扰乱金融秩序。对此类行为，无论其是否提高了国家规定的存款利率，也不问其是否采取了其他变相提高存款利率的手法来吸收存款，只要其从事了“吸收公众存款的行为”即属非法行为，一概构成本罪。

本罪是行为犯，行为人只要实施了非法吸收公众存款或者变相吸收公众存款，扰乱金融秩序的行为，即便构成本罪既遂。这也反映了立法上对本罪行为人所实施的、严重破坏金融市场秩序的行为从严打击的意向。

3. 本罪的犯罪主体

本罪的犯罪主体为一般主体，凡是达到刑事责任年龄且具有刑事责任能力的自然人均可构成本罪。依本条第 2 款的规定，单位也可以成为本罪的主体。这里的单位，既可以是可以经营吸收公众存款业务的商业银行等银行金融机构，也可以是不能经营吸收公众存款业务的证券公司等非银行金融机构，还可以是其他非金融机构。

4. 本罪的主观方面

本罪在主观方面表现为故意，即行为人必须是明知自己非法吸收公众存款的行为会造成扰乱金融秩序的危害结果，而希望或者放任这种结果发生。过失不构成本罪。有的金融机构由于工作失误造成利率提高而吸收了大量公众存款，由于利率不是该金融机构故意抬高，非法吸收公众存款不属于其故意实施，因此不构成本罪。

| 认定

1. 对因受存款方的勒索而非法吸收存款者的定性与处理

实践中，有的存款大户头常常以“搬走”存款要挟其人款行或其他金融机构，要求其尽快提高自己所存款项的存款利率；或者先行给付部分息差抑或提供若干台汽车或房屋使用权等等。一些银行或其他金融机构特别是效益或 “口岸”较差的银行，为了保住自己的存款额度，不得不就范。对于这种情形，立法上未做明文规定，在处理方式上，至少有以下三种方案可供选择：

（1）双方均定罪、且定性为本罪，亦即双方构成共同非法吸收存款罪。此种犯罪的实质为有身份人实施本罪，因而对其中吸收存款人因其具有法定身份，应定性为主犯；而存款人因其无法定身份理应定性为从犯。

（2）存款方定性为索贿罪、吸收存款方因为被索贿而“行贿”无罪。

（3）双方均定罪，但将双方设定为对合犯。亦即双方虽仍属共犯，但不是构成同一罪种的共犯而是互为犯罪对象的会合共犯中的对向犯（又称对合犯）。此种会合共犯中，各方所触犯罪名往往不同。例如本罪的场合，吸收存款方犯了单位非法吸收公众存款罪；而索贿人款方则犯了单位（或个人）索贿罪。

对此三种定性方式，我认为按第三种方式定性较为合理合法。原因如下：

按第一种方式处理，首先不符合存款人的行为特征，事实是索贿存款人并没有任何帮助吸款人从事非法吸收存款的帮助行为。

按第二种方式处理，若对因存款人索贿而非法吸收款的行为人不做犯罪处理，也不合刑事法律的基本理论。因为，非法吸收存款的实质在于以贿赂的方式不法吸收存款，而根据本法第三百九十三条规定，因被勒索而被迫行贿者，只有在“没有获得不正当利益”的条件下，才不构成行贿罪。以此对照，本案中吸收存款人在受到勒索的情况下，为了获得存款，竟不惜“出卖”国家法律，敢以直接抬高或变相抬高央行法定利率的手法来获取大户存款，这种“利益”完全没有正当性可言，因而，此种场合，吸收存款人不能以受到“勒索”而作无罪辩护，充其量能据此对行为人做罪轻辩护而已。

对以换好工种、安排存款大户子女就业等方式非法吸收存款者的定性与处理:

目前一些银行往往以安排存款大户子女（主要指安排能够决定本单位存款人处的单位法定代表人、有关权利人士或直接掌管存款运做作管理人员的子女）进银行工作等方式招揽存款；对子女已经就业者，有的吸收存款方则进一步以将其子女调入本行工作为招揽诱饵，等等。以此类方法招揽存款，当然属于非法吸收存款行为，但对此行为是否一概定性为非法吸收存款罪行为，尚有商榷余地。

这是因为本罪的行为要件不仅仅是非法吸收存款，而且须有较为严重的“扰乱金融秩序”的行为。上述非法吸收存款行为，当然也扰乱了金融秩序，但与抬高或变相抬高国家利率的行为以及与假冒享有吸收存款权限的金融主体的行为来非法吸收存款者相比较，后二者对金融秩序的破坏显然更为直接和严重，因而将后二者设置为犯罪，对其科以刑罚方法来处罚理所当然。对以换好工种、安排存款大户子女就业等等方式来非法吸收存款的行为，尚须积累司法实践经验，再予解决。

对以“体外循环”方式非法以贷吸存行为的处理:

如上所述，以此方式以贷吸存，如其因此“造成重大损失”者，其行为本身，又触犯了本法第一百八十七条规定的用账外客户资金非法拆借、发放贷款罪。如此，行为人非法吸收存款的手段行为就触犯了两个罪名，符合刑法上的牵连犯特征，应按牵连犯的处理原则，从一重罪处罚。从法定刑看，非法拆借、发放贷款罪的法定刑相对更重，因而对此行为，可根据其具体犯罪情节，酌定为非法发放贷款罪，并根据一百八十七条的法定刑裁量刑罚。

2. 本罪与非罪的界限

区分本罪与非罪的界限，主要应考虑以下三个因素：

（1）吸收公众存款数额大小。如果吸收公众存款数额较小的，属“情节显著轻微危害不大”，依本法第十三条之规定，不构成犯罪。

（2）是否出于故意。如果不是出于故意实施的，不构成犯罪。

（3）是否违反法律、法规的规定。如果未违反法律、法规规定的不构成犯罪。如行为人在法律、法规允许的幅度内提高利率吸收公众存款的，不能认为构成犯罪。

3. 本罪与诈骗罪、集资诈骗罪的界限

两者的区别是：

（1）侵犯客体和犯罪对象不同。前者侵犯的客体是国家金融管理制度，犯罪对象是公众存款；后者侵犯的客体是公司财产所有权，犯罪对象可以是任何财物。

（2）客观方面不同。前者包括用欺骗方法吸收公众存款，还包括利用强迫、利诱等其他方法吸收公众存款；后者只表现为以虚构事实或隐瞒真相的欺骗方法获得财物。

（3）主观方面不同。前者无非法占有目的；后者必须具有非法占有的目的。

（4）本罪的犯罪主体不同。前者既可以由自然人，也可以由单位构成；

后者只能由自然人构成。

4. 本罪和擅自设立金融机构罪的区别

由于非法吸收公众存款罪和擅自设立金融机构罪两者之间有一定的联系，有的擅自设立金融机构者同时又非法吸收了存款，而非法吸收存款又是擅自设立的金融机构所为；有的先擅自设立金融机构，而后又非法吸收了公众的存款，或者擅自设立金融机构的目的就是为了非法吸收公众的存款，所以，司法机关在办理具体案件时，应当注意将这两种不同的犯罪区别开来。非法设立金融机构罪和非法吸收存款罪的犯罪构成不同，应注意区分这两种犯罪的区别，对于构成数罪的，应当依照数罪并罚的规定处罚。

丨量刑

（1）自然人犯非法吸收公众存款罪的，处三年以下有期徒刑或者拘役，并处或者单处二万元以上二十万元以下罚金；数额巨大或者有其他严重情节的，处三年以上十年以下有期徒刑，并处五万元以上五十万元以下罚金。

（2）单位犯本罪的，对单位判处罚金，并对直接负责的主管人员和其他直接责任人员，依照上述规定处罚。

立案标准：

非法吸收公众存款或者变相吸收公众存款，扰乱金融秩序，涉嫌下列情形之一的，应予追诉：

（1）个人非法吸收或者变相吸收公众存款，数额在二十万元以上的，单位非法吸收或者变相吸收公众存款，数额在一百万元以上的；

（2）个人非法吸收或者变相吸收公众存款三十户以上的，单位非法吸收或者变相吸收公众存款一百五十户以上的；

（3）个人非法吸收或者变相吸收公众存款，给存款人造成直接经济损失数额在十万元以上的，单位非法吸收或者变相吸收公众存款，给存款人造成直接经济损失数额五十万元以上的。

| 法条

第一百七十六条 非法吸收公众存款或者变相吸收公众存款，扰乱金融秩序的，处三年以下有期徒刑或者拘役，并处或者单处二万元以上二十万元以下罚金；数额巨大或者有其他严重情节的，处三年以上十年以下有期徒刑，并处五万元以上五十万元以下罚金。

单位犯前款罪的，对单位判处罚金，并对其直接负责的主管人员和其他直接责任人员，依照前款的规定处罚。

重点提醒：不要存在我是借款行为的侥幸心理。

第三节 我只是帮朋友开了几张发票而已

虚开增值税专用发票罪

案例

东阿县某物流公司副总经理韩某与淄博某化工有限公司齐某因业务往来成了朋友。2017 年 7 月，韩某找到齐某商量：能否帮忙开点增值税发票。齐某知道这种行为不合理，但却不知道非常不合理。韩某说双方可以签订合同，并承诺给齐某个人部分好处，齐某遂同意。2017 年 7 月 25 日，东阿县某物流有限公司转给齐某 447921 元，扣除开票费（4% 的开票费），同日齐某通过齐某两账户资金回流给韩某提供的王某账户 252397 元和 86562 元，淄博某化工有限公司给东阿县某物流有限公司增值税专用发票 4 张（发票号码 027××××71027××××7141，7142，7143，7144），价税合计 448872 元，税款 65220.73 元，已经全部在国税局抵扣。

事后了解到，韩某自己从中赚取开票费用，而且韩某的收入有一大部分是通过此行为获取。最终，韩某和齐某均以虚开增值税专用发票罪定罪量刑。

齐某系帮忙，为什么也被追究责任？

| 法律小常识

| 定义

虚开增值税专用发票或者虚开用于骗取出口退税、抵扣税款的其他发票，是指有为他人虚开、为自己虚开、让他人为自己虚开或者介绍他人虚开行为之一的，违反有关规范，使国家造成损失的行为。

| 构成

（1）本罪的犯罪客体

本罪侵犯的客体是国家增值税管理制度和国家的税收制度。这是本罪区别于其他破坏社会主义经济秩序罪的本质特征。《中华人民共和国发票管理办法》中规定：“开具发票应当按照规定的时限、顺序、逐栏、全部联次一次性如实开具，并加盖发票专用章。”“任何单位和个人不得转借、转让、代开发票。”《增值税专用发票使用规定（试行）》中规定：专用发票必须按下列要求开具：

① 字迹清楚。

② 不得涂改。

③ 项目填写齐全。

④ 票、物相符，票面金额与实际收取的金额相符。

⑤ 各项目内容正确无误。

⑥ 全部联次一次填开，上、下联的内容和金额一致。

⑦ 发票联和抵扣联加盖财务专用章或发票专用章。

⑧ 按照本规定第六条所规定的时限开具专用发票。

⑨ 不得开具伪造的专用发票。

⑩ 不得拆本使用专用发票。

⑪ 不得开具票样与国家税务总局统一制定的票样不符合的专用发票。

而为了骗取税款，虚开增值税专用发票或用于骗取出口退税、抵扣税款的其他发票的行为就是违反了发票管理制度，同时虚开增值税专用发票或用于骗取出口退税、抵扣税款的其他发票、可以抵扣大量税款，造成国家税款的大量流失，也严重地破坏了社会主义经济秩序。

（2）本罪的客观方面

本罪在客观方面表现为没有货物购销或者没有提供或接受应税劳务而为他人、为自己、让他人为自己、介绍他人开具增值税专用发票或者即使有货物购销或提供或接受了应税劳务但为他人、为自己、让他人为自己、介绍他人开具数量或者金额不实的增值税专用发票或者进行了实际经营活动，但让他人为自己代开增值税专用发票的行为。

虚开是指行为人违反有关发票开具管理的规定、不按照实际情况如实开具增值税专用发票及其他可用于骗取出口退税、抵扣税款的发票之行为。

从广义上讲，一切不如实出具发票的行为都是虚开的行为。包括没有经营活动而开具或虽有经营活动但不做真实的开具，如改变客户的名称、商品名称、经营项目，夸大或缩小产品或经营项目的数量、单价及其实际收取或支出的金额，委托代扣、代收、代征税种的税率及税额、增值税税率及税额，虚写开票人、开票日期等。

狭义的虚开，则是指对发票能反映纳税人纳税情况、数额的有关内容做不实填写致使所开发票的税款与实际缴纳不符的一系列之行为。如没有销售商品、提供服务等经营活动，却虚构经济活动的项目、数量、单价、收取金额或者有关税率、税额予以填写；或在销售商品提供服务开具发票时，变更经营项目的名称、数量、单价、税率及税额等，从而使发票不能反映出交易双方进行经营活动以及应纳或已纳税款的真实情况。

虚开主要体现在票与物或经营项目不符、票面金额与实际收取的金额不一致。显然，本罪的虚开应是狭义上的虚开。参照 1996 年 10 月 17 日最高人民法院《关于适用〈全国人民代表大会常务委员会关于惩治虚开、伪造和非法出售增值税专用发票犯罪的决定〉的若干问题的解释》之规定，具有下列行为之一的，即属本罪的虚开：

（1）没有货物购销或者没有提供或接受应税劳务而为他人、为自己、让他人为自己、介绍他人开具；

（2）有货物购销或者提供或接受应税劳务但为他人、为自己、让他人为自己、介绍他人开具数量或者金额不实；

（3）进行实际经营活动，但他人为自己代开其余的对不能反映纳税情况的有关内容做虚假填写。

如只是虚设开票人或不按规定时限提前或滞后开具日期等，虽属违法不实开具，但仍不是本罪意义上的虚开，对此不能以本罪论处。

虚开增值税专用发票的具体行为方式有以下四种：

（1）为他人虚开增值税专用发票，指合法拥有增值税专用发票的单位或者个人，明知他人没有货物购销或者没有提供或接受应税劳务而为其开具增值税专用发票，或者即使有货物购销或者提供了应税劳务但为其开具数量或者金额不实的增值税专用发票或用于骗取出口退税、抵扣税款的其他发票的行为。

（2）为自己虚开增值税专用发票，指合法拥有增值税专用发票的单位和个人，在本身没有货物购销或者没有提供或者接受应税劳务的情况下为自己开具增值税专用发票，或者即使有货物购销或者提供或接受了应税劳务但却为自己开具数量或者金额不实的增值税专用发票的行为。

（3）让他人为自己虚开增值税专用发票，指没有货物购销或者没有提供或接受应税劳务的单位或者个人要求合法拥有增值税专用发票的单位或者个人为其开具增值税专用发票，或者即使有货物购销或者提供或接受了应税劳务但要求他人开具数量或者金额不实的增值税专用发票或者进行了实际经营活动，但让他人为自己代开增值税专用发票的行为。

（4）介绍他人虚开增值税专用发票，指在合法拥有增值税专用发票的单位或者个人与要求虚开增值税专用发票的单位或者个人之间沟通联系、牵线搭桥的行为。

虚开增值税专用发票需达到法定情节才能构成犯罪，否则应依本法第

13 条之规定，不认为是犯罪。依 1996 年 10 月 17 日发布的《关于适用〈全国人民代表大会常务委员会关于惩治虚开、伪造和非法出售增值税专用发票犯罪的决定〉的若干问题的解释》的规定：虚开税款数额 1 万元以上的或者虚开增值税专用发票或可用于出口退税、抵扣税款的其他发票致使国家税款被骗取 5000 元以上的，应当依法定罪处罚。

3. 本罪的犯罪主体

本罪的犯罪主体均为一般主体，即达到刑事责任年龄且具有刑事责任能力的自然人均可构成。另外，依本条第 3 款之规定，单位也可成为本罪主体，单位构成本罪的，对单位实行两罚制，对单位判处罚金，并对直接负责的主管人员和其他直接责任人员依照本条第 3 款规定追究刑事责任。

4. 本罪的主观方面

本罪在主观方面必须是故意，而且一般具有牟利的目的。实践中，为他人虚开增值税专用发票的单位和个人一般都以收取高额的手续费为目的，为自己虚开，让他人为自己虚开，介绍他人虚开的单位和个人一般都是以收取高额的中介费、信息费为目的。但“以营利为目的”并不是本罪主观上的必要条件。

| 认定

虚开增值税专用发票用于骗取出口退税、抵扣税款发票案（刑法第二百零五条），虚开增值税专用发票或者虚开用于骗取出口退税、抵扣税款的其他发票，虚开的税款数额在一万元以上或者致使国家税款被骗数额在五千元以上的，应予追诉。

司法解释

最高人民法院《关于适用〈全国人民代表大会常务委员会关于惩治虚开、伪造和非法出售增值税专用发票犯罪的决定〉的若干问题的解释》（1996.10.17 法发［1996］30 号）。

为正确执行《全国人民代表大会常务委员会关于惩治虚开、伪造和非法出售增值税专用发票犯罪的决定》（以下简称《决定》），依法惩治虚开、伪造和非法出售增值税专用发票和其他发票犯罪，现就适用《决定》的若干具体问题解释如下：

根据《决定》第五条规定，虚开用于骗取出口退税、抵扣税款的其他发票的，构成虚开专用发票罪，依照《决定》第一条的规定处罚。

“用于骗取出口退税、抵扣税款的其他发票”是指可以用于申请出口退税、抵扣税款的非增值税专用发票，如运输发票、废旧物品收购发票、农业产品收购发票等。

根据《决定》第六条规定，伪造、擅自制造或者出售伪造、擅自制造的可以用于骗取出口退税、抵扣税款的其他发票的，构成非法制造专用发票罪或出售非法制造的专用发票罪。

根据最高人民法院研究室对西藏自治区高级人民法院的电话答复：

西藏自治区高级人民法院

你院《关于如何适用法发［1996］30 号司法解释数额标准问题的请示》（藏高法［2014］118 号）收悉。经研究，电话答复如下：

原则同意你院第二种意见，即为了贯彻罪刑相当原则，对虚开增值税专用发票案件的量刑数额标准，可以不再参照适用 1996 年最高人民法院《关于适用〈全国人民代表大会常务委员会关于惩治虚开、伪造和非法出售增值税专用发票犯罪的决定〉的若干问题的解释》。在新的司法解释制定前，对于虚开增值税专用发票案件的定罪量刑标准，可以参照《最高人民法院关于审理骗取出口退税刑事案件具体应用法律若干问题的解释》的有关规定执行。

因此，虚开增值税专用发票罪中的"虚开的税款数额较大或者有其他严重情节"和"虚开的税款数额巨大或者有其他特别严重情节"应分别参照骗取出口退税罪"数额巨大或者有其他严重情节"和"数额特别巨大或者有其他特别严重情节"的数额标准执行。即虚开的税款数额较大、数额巨大的标准分别为五十万元、二百五十万元。

（1）虚开增值税专用发票或者虚开用于骗取出口退税、抵扣税款的其他发票是指有为他人虚开、为自己虚开、让他人为自己虚开、介绍他人虚开增值税专用发票或其他专用发票行为之一的。

（2）本罪主体包括个人和单位，除行为人为自己虚开增值税专用发票，为他人虚开、让他人为自己虚开、介绍他人虚开增值税专用发票的犯罪主体是二人以上共同犯罪。

（3）本罪主观方面是故意，一般具有营利的目的。

（4）本罪是新设立的罪名，1979 年《刑法》无此规定。

（5）全国人大常委会有关惩治本犯罪的决定已被纳入刑法，但决定本身并未被明令废止；法发［1996］30号《解释》也未被宣布废止，因此有些内容可以继续参照适用。

（6）有的经济发达省份以虚开税款一万元、致使国家税款被骗五千元为定罪起点标准。十万元为虚开税款“数额较大”起点。被骗税五万元为“有其他严重情节”。五十万为“数额巨大”起点，被骗税三十万元以上为“有其他特别严重情节。”一百万元为“数额特别巨大”起点，被骗税五十万元以上并在侦查终结无法追回的，属“给国家利益造成特别重大损失。”

（7）本罪为选择性罪名，可定“虚开增值税专用发票罪”“虚开用于骗取出口退税发票罪”“虚开用于抵扣税款发票罪”。

| 量刑

人民法院量刑指导意见（试行）

虚开增值税专用发票罪

【三年以下有期徒刑、拘役量刑格】虚开增值税专用发票税款数额一万元或使国家税款被骗取五千元的，基准刑为有期徒刑六个月；虚开的税款数额每增加三千元或实际被骗取的税款数额每增加一千五百元，刑期增加一个月。

虚开增值税专用发票税款数额不满一万元或使国家税款被骗取不满五千元的，情节严重的，可以本罪论处，基准刑为拘役刑。

【三年以上十年以下有期徒刑量刑格】虚开增值税专用发票税款数额十万元或使国家税款被骗取五万元的，或有其他严重情节的，基准刑为有期徒刑三年；虚开的税款数额每增加六千元或实际被骗取的税款数额每增加三千元，刑期增加一个月。

【十年以上有期徒刑量刑格】虚开增值税专用发票税款数额五十万元或使国家税款被骗取三十万元的，基准刑为有期徒刑十年；虚开的税款数额每增加1万元或实际被骗取的税款数额每增加五千元，刑期增加一个月。

【缓刑适用书】有下列情形之一的，不适用缓刑：

（1）虚开增值税专用发票税款数额三十万元以上或使国家税款被骗取二十五万元以上的；

（2）曾因虚开增值税专用发票被行政处罚或判刑的；

（3）虚开增值税专用发票累计五次以上的；

（4）未按规定缴纳60%以上罚金的。

主体分类

虚开增值税专用发票罪的主体包括增值税一般纳税人、小规模纳税人和非增值税纳税人。从主体资格上来看，可将其分为三类。

第一类是有权出售增值税专用发票的税务机关及其工作人员。在整个虚开增值税专用发票罪总数上，这种主体实施此种犯罪所占比例较少，但仍时有发生。

第二类是具有增值税一般纳税人资格的单位和个人。此种主体实施本罪有两种情况，一是为了销售货物，为他人开具“大头小尾”的发票，或者为了多抵扣税款，在购进货物时请他人为自己虚开增值税专用发票。一种是用本单位领取的增值税专用发票，以收取“开票费”为条件，到处为他人虚开增值税专用发票，牟取暴利。

第三类是不具有增值税一般纳税人资格的单位和个人。这些单位和个人，有的通过非法手段，如盗窃、骗取、抢劫、抢夺等获取增值税专用发票；有的则通过拾取、他人赠予、他人转让等方式获得增值税专用发票，然后虚开，借以牟利。他们虚开使用的目的也各不相同，有的是为了自己虚开以骗税、偷税等；有的是为他人虚开以牟取“开票费”等。

犯罪形式

虚开增值税专用发票犯罪手段也是多种多样的，主要表现为以下五种：

一是开具“大头小尾”的增值税专用发票。这种手段是在开票方存根联、记账联上填写较小数额，在收票方发票联、抵扣联上填写较大数额，利用二者之差，少记销项税额。开票方在纳税时出示记账联，数额较小，因而应纳税额也较少；收票方在抵扣税款时，出示抵扣联，数额较大，因而抵扣的税额也较多。这样开票方和收票方都侵蚀国家税款。

二是“拆本使用，单联填开”发票。开票方把整本发票拆开使用，在自己使用时，存根联和记账联按照商品的实际交易额填写，开给对方的发票联和抵扣联填写较大数额，从而使收票方达到多抵扣税款，不缴或少缴税款的目的，满足了收票方的犯罪需要，促进了自己的销售。

三是“撕联填开”发票，即“鸳鸯票”。蓄意抬高出口货物的进项金额和进项税额。

四是“对开”，即开票方与受票方互相为对方虚开增值税专用发票，互为开票方和受票方。

五是“环开”，即几家单位或个人串开，形同环状。值得注意的是在虚开增值税专用发票罪中，无论是在真的增值税专用发票上虚开，还是在伪造的增值税专用发票上虚开，只要达到法律规定的定罪标准，都应以虚开增值税专用发票罪定罪处罚。

| 法条

第二百零五条　虚开增值税专用发票或者虚开用于骗取出口退税、抵扣税款的其他发票的，处三年以下有期徒刑或者拘役，并处二万元以上二十万元以下罚金；虚开的税款数额较大或者有其他严重情节的，处三年以上十年以下有期徒刑，并处五万元以上五十万元以下罚金；虚开的税款数额巨大或者有其他特别严重情节的，处十年以上有期徒刑或者无期徒刑，并处五万元以上五十万元以下罚金或者没收财产。

单位犯本条规定之罪的，对单位判处罚金，并对其直接负责的主管人员和其他直接责任人员，处三年以下有期徒刑或者拘役；虚开的税款数额较大或者有其他严重情节的，处三年以上十年以下有期徒刑；虚开的税款数额巨大或者有其他特别严重情节的，处十年以上有期徒刑或者无期徒刑。

虚开增值税专用发票或者虚开用于骗取出口退税、抵扣税款的其他发票，是指有为他人虚开、为自己虚开、让他人为自己虚开、介绍他人虚开行为之一的。

第二百零八条　非法购买增值税专用发票或者购买伪造的增值税专用发

票的，处五年以下有期徒刑或者拘役，并处或者单处二万元以上二十万元以下罚金。

非法购买增值税专用发票或者购买伪造的增值税专用发票又虚开或者出售的，分别依照本法第二百零五条、第二百零六条、第二百零七条的规定定罪处罚。

第二百一十二条　犯本节第二百零一条至第二百零五条规定之罪，被判处罚金、没收财产的，在执行前，应当先由税务机关追缴税款和所骗取的出口退税款。

第四节 我是善意的谎言，只是想用客户的钱周转一下

合同诈骗罪

案例

2020年2月初，全国各地口罩中介瞬间爆发，但并不是所有中介都在赚钱，几家欢喜几家愁。天津刘某就是众多中介中的一位，2020年3月1日，我接到刘某电话，说自己的钱被一家天津某健康发展公司骗了，被骗的钱还不是自己的，是山东某客户的。

天津某健康发展公司是一家生产口罩、睡眠被和枕头等系列健康产品的公司，疫情暴发，似乎给公司带来了巨大商机。

因为口罩不是刚需，公司原本只有一台小设备，一年生产一两批也就足够。面对着市面上突然爆发的需求量，公司多次接到中介电话，公司负责人单某决定购买新设备进行大量生产。

可公司面临两个问题：一是资金有缺口，公司资金不足以购买全自动的设备，半自动的设备资金还可以，但产量跟不上；二是设备的价格与日俱增。单某决定购买全自动设备，他想到了一个办法，而刘某就是他的办法的受害者。

单某心想现在口罩都是先付款后发货，那可以先让客户打钱，自己

去购买设备，然后打一个时间差，资金周转一下，再交付口罩。单某跟刘某说目前公司货源充足，并给刘某发了多张照片（系公司近几年留存的一些口罩照片），双方微信上对相关细节做了约定，刘某按时付了款，但是单某公司迟迟未能交付货物。

刘某咨询后向公安机关报案。公安机关以合同诈骗罪将单某刑事拘留，本案还在审理中。

丨法律小常识

丨定义

合同诈骗罪是指以非法占有为目的，在签订、履行合同过程中，采取虚构事实或者隐瞒真相等欺骗手段，骗取对方当事人的财物，数额较大的行为。随着中国市场经济的不断发展，利用签订合同诈骗钱财的案件大有愈演愈烈之势，不仅侵犯了他人财产权，扰乱了市场秩序，而且与经济纠纷极难区分与识别，因而成为司法实践中的一个热点问题。

丨构成

1. 本罪的犯罪客体

合同诈骗罪的客体，是复杂客体，即国家对经济合同的管理秩序和公私财产所有权。本罪的对象是公私财物。

2. 本罪的客观方面

表现为在签订、履行合同过程中，以虚构事实或者隐瞒真相的方法，骗取对方当事人财物，数额较大的行为。

首先，根据中华人民共和国刑法第二百二十四条，本罪的诈骗行为表现为下列五种形式：

（1）以虚构单位或者冒用他人的名义签订合同的。

（2）以伪造、变造、作废的票据或者其他虚假的产权证明做担保的。这里所称的票据，主要指能作为担保凭证的金融票据，即汇票、本票和支票等。所谓其他产权证明，包括土地使用权证、房屋所有权证以及能证明动产、不动产的各种有效证明文件。

（3）没有实际履行能力，以先履行小额合同或者部分履行合同的方法，诱骗对方当事人继续签订和履行合同的。

（4）收到对方当事人给付的货物、货款、预付款或担保财产后逃匿的。

（5）以其他方法骗取对方当事人财物的。这里所说的其他方法，是指在签订、履行经济合同过程中使用的上述四种方法以外，以经济合同为手段、以骗取合同约定的由对方当事人交付的货物、货款、预付款、定金以及其他担保财物为目的的一切手段。

行为人只要实施上述一种诈骗行为，便可构成本罪。

其次，诈骗对方当事人财物必须数额较大的。以非法占有为目的，在签订、履行合同过程中，骗取对方当事人财物，涉嫌下列情形之一的，应予追诉：

（1）个人诈骗公私财物，数额在五千元至二万元以上的。

（2）单位直接负责的主管人员和其他直接责任人员以单位名义实施诈骗，诈骗所得归单位所有的，数额在五万至二十万元以上的。

3. 本罪的犯罪主体

个人或单位均可构成。犯本罪的个人是一般主体，犯本罪的单位是任何单位。

4. 本罪的主观方面

表现为直接故意并且具有非法占有对方当事人财物的目的。

|认定

1. 以合法形式掩盖非法勾当

行骗者为了便于实施诈骗的目的，专门持伪造的或他人的身份证件，到工商管理部门登记注册成立公司。然后，以公司名义招聘员工、培训员工，由员工进行诈骗，整个诈骗过程，真正的幕后策划人始终不露面。因此，合同诈骗案件最终被追究刑事责任的通常都是公司的业务员或一般员工，而隐藏在合法公司后面的策划人因为极少直接与受骗者接触，从而得以逃避法律制裁。以合法公司名义行骗，可以减少行骗的风险，增加行骗手段的隐蔽性。更有甚者，公司连自己招聘的员工都骗，情节十分恶劣。

2. 重操旧业者多屡骗不爽

行骗者多数是具有多次行骗劣迹的行家老手，通常一旦罪行被识破，便马上望风而逃。当他们认为风声不紧的时候，就会重操旧业。因为他们对于行骗手段十分熟悉，所以在很短时间内他们便可以迅速成立诈骗组织，实施诈骗行为，而且，为逃避法律惩罚，他们会吸取教训，得手后立即销声匿迹，给有关部门查办造成困难。

3. 运用见证手法骗取信任

合同诈骗公证和律师见证的形式，是较为流行的法律见证形式。正是由于这两种形式社会效果好，也为老百姓所熟知，行骗者容易抓住这种心理，从而体现其合作项目和合同的真实性。受骗者此时更多的想法是，合作项目和合同都是受法律保护的，若对方违约，通过法律程序可以保障自己的权利。这也使得受骗者心里如吃了定心丸一样，完全相信行骗者，从而被行骗者多次骗走财物，有时甚至连续被骗还毫无察觉。值得一提的是，这种方法，通常在受骗者尚且犹豫不决时，行骗者只要使用这种办法，受骗者都会信以为真从而上当受骗的。

4. 冒用他人名义实施诈骗

犯罪分子身份证、单位证明等证件均为伪造，并非常善于伪装，虚张声势甚至假借他人资产以显示其实力，投其所好甚至对受害单位方主管人员进行行贿，以骗取其信任。

5. 伪造担保票据非法获取

以伪造、变造、作废的票据或虚假产权证明做担保实施合同诈骗。犯罪分子或利用高科技手段伪造此类票据，足以乱真，或以非法手段获取，不易被察觉。

以非法占有为目的，在签订、履行合同过程中，骗取对方当事人财物，数额在二万元以上的，应予立案追诉。本罪是1997年刑法新增设的罪名。

| 量刑及法条

刑法第二百二十四条规定：有下列情形之一，以非法占有为目的，在签订、履行合同过程中，骗取对方当事人财物，数额较大的，处三年以下有期徒刑或者拘役，并处或者单处罚金；数额巨大或者有其他严重情节的，处三年以上十年以下有期徒刑，并处罚金；数额特别巨大或者有其他特别严重情节的，处十年以上有期徒刑或者无期徒刑，并处罚金或者没收财产。

| 第五节 银行客户经理教我作假办贷款，跟我没关系

骗取贷款罪

| 案例

2011 年 4 月，被告人李某因公司扩大生产规模资金周转欲向银行借款。李某信用良好，企业发展较稳定，经朋友介绍认识了安徽泗县某银行信贷经理张某。李某向张某表达了想贷款的想法，了解贷款需要的材料。

根据李某自己的信用，可以信用贷款三十万元，但是三十万元离扩大生产所需资金尚差十万元。李某向张某咨询，看有没有更好的办法多申请一部分贷款。

张某觉得十万元不是大数额，风险可控，可以操作。为了顺利将贷款放出，张某帮李某出了主意：租赁一个与自己业务基本相同企业的厂房，提交给银行。如果无法租赁，可以自己拟定一个租赁合同，签字即可，审查时不会确认真实性。

李某不明白为什么租赁一间厂房就可以多贷款十万元？张某告诉李某：厂房虽然是租赁的，你租赁了厂房就要生产吧？里面的设备当然会认为是你的资产。李某恍然大悟，然后按照张某的要求准备了相关材料，顺利将款项贷出。

贷款到期后，2014 年 3 月，张某按时将贷款归还银行，至此此笔借贷关系结束。三年来，办理贷款时用的假合同也未出现问题。

2016 年，李某突然联系张某，约张某见面，说 2011 年办理的贷款出事情了，张某不明白自己将贷款归还了还能有什么事情。2011 年张某贷款时签的租赁合同中涉及的厂房的产权所有人也到了该银行办理贷款事宜，在申请时银行系统中出现了该厂房曾录入系统的资料。经查询，发现张某贷款时使用该厂房伪造的租赁合同以及办理资款业务的李某，银行启动了对李某的调查。

后经了解，因未造成银行损失，张某对厂房产权人道歉，银行遂未报警。张某降为普通职员，李某成为该银行的黑户，即无法从该银行办理贷款业务。李某系幸运者，如果银行报警，李某面临的可能会是法律的刑事制裁。涉及的罪名系骗取贷款罪。

| 法律小常识

| 定义

骗取贷款罪是以欺骗手段取得银行或者其他金融机构贷款、票据承兑、信用证、保函等，给银行或者其他金融机构造成重大损失或者有其他严重情节的行为。

| 构成

本罪主观方面是故意，犯罪主体是自然人和单位，客体是破坏国家的金融管理秩序，客观方面是给银行或其他金融机构造成重大损失。

| 认定

在市场竞争日趋激烈的情况下，不应当把从银行获取贷款后还不上的，都作为贷款诈骗罪处理。考虑到实践中以欺骗手段获取银行和金融机构的贷款，客观上扰乱了正常的金融秩序，《刑法修正案（六）》将其入罪。

认定骗取贷款罪的关键有两点，一是对“欺骗手段”的认定，二是对“给银行或者其他金融机构造成重大损失或者有其他严重情节”的认定。司法机关在办理此类案件时，应注意收集证据，在主观方面证明被告人具有骗取银行贷款的犯罪意图。同时，要注意查找充分证据，证明犯罪的实际后果非常严重，符合骗取贷款罪“给银行或者其他金融机构造成重大损失或者有其他严重情节”的要求。

本罪与贷款诈骗罪、高利转贷罪等相似罪名的区分：

骗取贷款罪与贷款诈骗罪在客观方面都表现为使用欺骗手段骗取贷款，区别在于行为人主观上是否具有非法占有的目的，对行为人主观上没有非法占有目的，或者证明其非法占有目的的证据不足的，只能认定为骗取贷款罪。

骗取贷款罪与高利转贷罪均设置在刑法的同一条中，两罪主观上均没有非法占有贷款的目的，但在客观行为上存在一定相似性。

如果行为人骗取贷款以后再高利转贷给他人，其行为就可能同时符合骗取贷款罪与高利转贷罪，最终选择适用哪一罪名，要综合考虑行为人的违法所得、银行或者其他金融机构的损失等情节。对于造成银行或者其他金融机构重大损失的，一般选择认定骗取贷款罪，以突出犯罪行为的欺骗性和对金融秩序的严重危害性特征；如果没有造成银行或者其他金融机构重大损失的，行为人通过转贷牟利的，一般倾向于认定为高利转贷罪。

最高人民检察院、公安部于2010年5月出台的《最高人民检察院、公安部关于公安机关管辖的刑事案件立案追诉标准的规定（二）》（下称《规定（二）》）第二十七条规定，凡以欺骗手段取得贷款等数额在一百万元以上的，或者以欺骗手段取得贷款等给银行或其他金融机构造成直接经济损失数额在二十万元以上的，或者虽未达到上述数额标准，但多次以欺骗手段取得贷款的，以及其他给金融机构造成重大损失或者有其他严重情节的情形（以上简称“四种情形”），应予立案追诉。

在此之前，公安部经侦局已率先于2009年做出了《关于骗取贷款罪和违法发放贷款罪立案追诉标准问题的批复》，其基本精神与上述规定也是一致的。不过应注意该解释的溯及力问题。关于刑事司法解释的时间效力，“两高”《关于适用刑事司法解释时间效力问题的规定》确立的是“无旧从新，有旧从旧兼从轻”的做法，且规定对于在司法解释施行前已办结的案件如果无错误就不再变动。

| 量刑及法条

《刑法修正案（六）》新设罪名。刑法第一百七十五条规定：多种犯罪之一，构成犯罪的，处三年以下有期徒刑或者拘役 并处或者单处罚金；给银行或者其他金融机构造成特别重大损失或者有其他特别严重情节的，处三年以上七年以下有期徒刑，并处罚金。

| 第六节　我只是一个讲师，公司做什么都与我无关

组织、领导传销活动罪

| 案例

2017 年 3 月，王某 1 通过张某 6、陈某 1（另案处理）了解到某基金投资平台，宣称该基金来自菲律宾，资金用于投资酒店和赌场，投资安全、稳定且收益高。

该基金分为静态收益和动态收益两种模式。

静态收益为购买 A、B、C、D 等不同种类的“基金”，每日获取 1%～3.3% 的高额利息。

基金系统在每个会员注册购买基金后立即扣除 100 美元作为平台管理费，变相以缴纳费用方式获得加入资格。

动态收益为会员可推荐其他人成为基金的会员并登记为自己的下线，依据下线人数升级为 1～9 星经理人，对应可收取下线投资所得利息的 8%～20% 作为奖励，以此吸引会员不断发展下线。

同年 3 月份，王某 1 和刘某 5 前往菲律宾进行了考察。后王某 1、刘某 5、孙某 2、艾某在广饶县境内发展该基金投资平台。

刘某 5 联系了李某 1，李某 1 联系了吕某，吕某又联系了被告人张某加入。2017 年 5 月，孙某 2 在广饶县新天地商务中心五楼租赁场地作为该基金的办公场所。

2017年3月～7月，被告人张某担任讲师宣讲该基金，积极发展下线。因发展下线多人，张某成为该基金的五星经理人。

至被查处时，张某共发展下线超5个层级43人。2017年7月，基金投资系统数据全部清零，会员“投资人”无法取回投资款。

另查明，2018年9月，陈某2、袁某、高某2等人到广饶县公安局经侦大队报案称投资的该基金平台涉嫌非法集资。

广饶县公安局于2018年9月29日立案侦查。2019年9月9日，民警将被告人张某从其家中传唤至广饶县公安局。

广饶县人民检察院以广检刑诉（2020）xx号起诉书指控被告人张某犯组织、领导传销活动罪向法院提起公诉，现已审理终结，结论如下：

1. 被告人张某犯组织、领导传销活动罪，判处有期徒刑x年并处罚金人民币五万元（罚金于判决生效后十日内一次性缴纳）。

2. 被告人张某的违法所得110781元予以追缴。

本案例在社会上很常见，但是屡禁不止，仍有人参与或上当受骗。不少创业者因不了解相关法律规定，也把本案例中讲的“事业”当成创业。

张某就是怀揣梦想的创业者，张某善于演讲，有很强的讲演能力和组织能力，一直想创业做培训。吕某的到来让张某看到了曙光，不用花钱就有一个平台让自己去培训，自己被一群人围绕，“老师、老师”地喊着他。他以为自己创业了，找到了方向，殊不知他却迈向了深渊，成了组织、领导传销活动罪的关键人物。

法律小常识

定义

组织、领导传销活动罪，是指以推销商品或提供服务等经营活动为名，要求参加者以缴纳费用或者购买商品、服务等方式获得加入资格。而且并按照一定顺序组成层级，直接或者间接以发展人员的数量作为计酬或者返利依据，引诱、胁迫参加者继续发展他人参加，骗取财物，扰乱经济社会秩序的传销活动。

构成

1. 本罪的犯罪客体

本罪侵犯的客体为复杂客体，既侵犯了公民的财产所有权，又侵犯了市场经济秩序和社会管理秩序。本罪的犯罪对象是公民个人财产，通常是货币。传销常伴随偷税漏税、哄抬物价等现象，侵犯多个社会关系和法律客体。

2. 本罪的客观方面

本罪在客观方面表现为违反国家规定，组织、从事传销活动，扰乱市场秩序，情节严重的行为。但不是所有的传销行为都构成犯罪，情节一般的，属于一般违法行为，由工商行政管理部门予以行政处罚；只有行为人实施传销行为情节严重才构成犯罪，依法追究刑事责任。另外，要区分传销罪与直销活动中的违规行为。若在直销行为中出现夸大直销员收入、产品功效等欺骗、误导行为，应由直销监管部门处以行政处罚，而不应视为传销罪。

情节严重的认定应结合传销涉案金额、传销发展人员数量、传销中使用的手段、传销造成的影响等多方面因素综合衡量。

3. 本罪的犯罪主体

本罪犯罪主体是一般主体，凡达到法定刑事责任年龄、具有刑事责任能力的自然人均能构成本罪。本罪追究的主要是传销的组织策划者，多次介绍、诱骗、胁迫他人加入传销组织的积极参与者。对一般参加者，则不予追究。

根据最高人民法院于 1999 年 6 月 18 日《关于审理单位犯罪案件具体应用法律有关问题的解释》第二条规定：“个人为进行违法犯罪活动而设立的公司、企业、事业单位实施犯罪的，或者公司、企业、事业单位设立后，以实施犯罪为主要活动的，不以单位犯罪论处。”故对专门从事传销行为的公司，依照司法解释的规定，不以单位犯罪论处，而对其组织者和主要参与人以自然人犯罪定罪处罚。

4. 本罪的主观方面

本罪在主观方面表现为直接故意，具有非法牟利的目的。即行为人明知自己实施传销行为，为国家法规所禁止，但为达到非法牟利的目的，仍然实施这种行为，且对危害结果的发生持希望和积极追求的态度。

| 认定

1. 关于组织、领导传销行为主体的界定

传销组织是一种“金字塔”型的销售模式，因而对犯罪嫌疑人的组织、领导行为的确定较困难。通常意义上，在传销组织中除了最底层的销售人员，其他层级的传销人员都存在组织领导行为。但是刑法的立法本意并不是要打击所有的传销人员，因此正确理解传销组织中的组织、领导行为尤其重要。

根据最新的司法解释，所谓传销活动的组织者和领导者，是指在传销活动中起组织、领导作用的发起人、决策人、操纵人，以及在传销活动中担负策划、指挥、布置、协调等重要职责，或者在传销活动中起到关键作用的人员。

笔者认为，结合司法解释规定，实践中对组织领导行为可做如下理解：

（1）在传销启动时，实施了确定传销形式、采购商品、制订规则、发展下线和组织分工等宣传行为的；在传销实施中，积极参与传销各方面的管理工作，例如讲课、鼓动、威逼利诱、胁迫他人加入等，均属于组织者和领导者。

（2）“组织”行为应当做限制解释。即指该组织具有自己的产品或服务，有独立的组织体系，有独立的成本核算。因此，在一个传销组织中，所谓组织者只包括合伙人或公司股东，除此之外的人不应当作为组织者加以处理。

（3）领导者是指在组织中实施策划、指挥、布置和协调传销组织行为的人。不仅限定于最初的发起人，在传销组织中起骨干作用的高级管理人

员也应当认定为领导者，对领导者身份的认定，应从负责管理的范围、在营销网络中的层级、涉案金额等三个方面进行考虑，具体问题具体分析。

2. 关于组织、领导传销活动行为人的刑事责任区分

（1）罪与非罪。应区分拉人头传销与直销活动中的多层次计酬。虽然二者都采用多层次计酬的方式，但是仍有很大的不同。

一是从是否缴纳入门费上看，多层次计酬的销售人员在获取从业资格证时没有被要求交纳高额入门费，而拉人头传销需要缴纳高额入门费，或者购买与高额入门费等价的“道具商品”，否则不能得到入门资格。

二是从经营对象看，多层次计酬是以销售产品为导向，商品定价基本合理，而且还有退货保障。而拉人头传销根本没有销售，或者只是以价格与价值严重背离的“道具商品”为幌子，且不许退货，主要是以发展“下线”人数为主要目的。

三是从人员的收入来源上，多层次计酬主要根据从业人员的销售业绩和奖金，而拉人头传销主要取决于发展的“下线”人数多少和新成员的高额入门费。

四是从组织存在和维系的条件看，多层次计酬直销公司的生存与发展取决于产品销售业绩和利润。而拉人头传销组织则直接取决于是否有新会员以一定倍率不断加入。

（2）此罪与彼罪。根据有关司法解释，组织、领导以推销商品、提供服务等经营活动为名，要求参加者以缴纳费用或者购买商品、服务等方式

获得加入资格，并按照一定顺序组成层级，直接或者间接以发展人员的数量作为计酬或者返利依据，引诱、胁迫参加者继续发展他人参加，骗取财物，扰乱经济社会秩序的传销活动，组织、领导的传销活动人员在30人以上且层级在三级以上的，对组织者、领导者应予立案追诉。

根据刑法第二百二十四条之一的规定，对传销活动的组织者、领导者，应当依法追究其刑事责任。对一般违法人员，本着教育、挽救大多数的原则，可以由工商行政管理部门根据禁止传销条例的规定予以行政处罚。当组织、领导传销活动中的参与人员未达到人数、级别的标准但又侵犯市场秩序，或者违反了许可证制度时，则应根据其在传销活动中的地位、作用区别对待，做出不同的处理。

| 量刑

组织、领导以推销商品、提供服务等经营活动为名，要求参加者以缴纳费用或者购买商品、服务等方式获得加入资格，并按照一定顺序组成层级，直接或者间接以发展人员的数量作为计酬或者返利依据，引诱、胁迫参加者继续发展他人参加，骗取财物，扰乱经济社会秩序的传销活动的，处五年以下有期徒刑或者拘役，并处罚金；情节严重的，处五年以上有期徒刑，并处罚金。

| 法条

根据刑法修正案（修改）第二百二十四条规定：组织、领导以推销商品、提供服务等经营活动为名，要求参加者以缴纳费用或者购买商品、服务等方式获得加入资格，并按照一定顺序组成层级，直接或者间接以发展人员的数量作为计酬或者返利依据，引诱、胁迫参加者继续发展他人参加，骗取财物，扰乱经济社会秩序的传销活动的，处五年以下有期徒刑或者拘役，并处罚金；情节严重的，处五年以上有期徒刑，并处罚金。

2010 年 5 月 7 日颁布施行的《最高人民检察院、公安部关于公安机关管辖的刑事案件立案追诉标准的规定（二）》第七十八条规定：组织、领导以推销商品、提供服务等经营活动为名，要求参加者以缴纳费用或者购买商品、服务等方式获得加入资格，并按照一定顺序组成层级，直接或者间接以发展人员的数量作为计酬或者返利依据，引诱、胁迫参加者继续发展他人参加，骗取财物，扰乱经济社会秩序的传销活动，涉嫌组织、领导的传销活动人员在三十人以上且层级在三级以上，对组织者、领导者应予立案追诉。

| 第七节　我线上创业，买香烟卖给（微信）好友，赚了个差价

非法经营罪

| 案例

薛某，女，1994 年 10 月生人，自由职业者，通过微信认识了林某。林某做香烟生意，有渠道买到万宝路、520 和 555 等外国品牌的香烟。薛某自己吸烟，从林某处买了几次，薛某的朋友见薛某能买到这些香烟，多次托薛某购买。

薛某心想这种香烟挺抢手，何不自己买过来销售。自 2017 年 9 月至 2018 年 5 月，向上线卷烟供货方某购买万宝路、520 和 555 等品牌的国内外走私烟，通过加价销售给微信号 ××× 的客户（使用人吴某）62588 元的卷烟，销售给微信号 ××× 客户（使用人邹某）10011 元的卷烟，以及自己的朋友李某、张某等人 8800 元的卷烟，以上四人销售金额共计 81399 元，薛某从中获利 11000 余元。

河南省虞城县人民检察院以虞检二部刑诉［2020］XX 号起诉书指控被告人薛晶犯非法经营罪，于 2020 年 6 月 11 日向法院提起公诉。

公诉机关指控，被告人薛某在未取得烟草零售许可证等相关证件的情况下，通过微信聊天商谈购销卷烟业务，微信支付烟款，物流收发货的方式

购销国内外的高仿烟和走私烟。建议对薛某判处拘役六个月，缓刑八个月，并处罚金人民币 11000 元，由扣押机关上缴国库。

法律小常识

定义

非法经营罪，是指违反国家规定，有下列非法经营行为之一的犯罪：

（1）未经许可经营法律、行政法规规定的专营、专卖物品或其他限制买卖的物品的；

（2）买卖进出口许可证、进出口原产地证明以及其他法律、行政法规规定的经营许可证或者批准文件的；

（3）未经国家有关主管部门批准，非法经营证券、期货或者保险业务的，或者非法从事资金结算业务的；

（4）从事其他非法经营活动，扰乱市场秩序，情节严重的行为。

非法经营罪中“违反国家规定”的理解，第一个层次，如果一个行为没有违反国家规定，而只是违反了比国家规定位阶低的地方性法规、部门规章等，当然不构成非法经营罪。

第二个层次，如果一个行为虽然违反了国家规定，但该国家规定未将该行为做“构成犯罪的……追究刑事责任”的规定，并且刑事司法解释也未将该行为解释为非法经营罪的行为方式的，也当然不构成非法经营罪。

第三个层次，如果一个行为虽然违反了国家规定、并且该国家规定将该行为做 “构成犯罪的……追究刑事责任”的规定，但刑事司法解释未将该行为明确解释为非法经营罪的行为方式的，也当然不构成非法经营罪——比如无照经营行为。

| 构成

1. 本罪的犯罪客体

非法经营罪侵犯的客体该是社会主义市场经济秩序，为了保证限制买卖物品和进出口物品市场，国家实行上述物品的经营许可制度。其中进出口许可制度是经营许可制度的重要内容，买卖进出口许可证和进出口原产地证明的行为除侵犯市场秩序外，还侵犯了对外贸易管理制度。

根据《对外贸易法》的规定，国家实行统一的对外贸易制度，根据平等互利的原则，促进和发展同其他国家和地区的贸易关系。中华人民共和国在对外贸易方面根据所缔结或者参加的国际条约、协定，给予其他缔约方、参加方或者根据互惠、对等原则给予对方最惠国待遇、国民待遇。任何国家或者地区在贸易方面对中华人民共和国采取歧视性的禁止、限制或者其他类似措施的，中华人民共和国可以根据实际情况对该国家或者该地区采取相应的措施，为了保证按照上述规定发展对外贸易，国家要求进出口货物必须提供原产地证明，对除法律规定的特殊情况可以免领许可证的以外还须申请进出口许可证。

因此，进出口原产地证明、进出口许可证必须是真实有效的，不允许进行伪造、变造。同时，进出口原产地证明、进出口许可证是针对特定进出口人的特定进出口贸易而使用的，不允许进行买卖。买卖进出口原产地证明、进出口许可证，扰乱国家的对外贸易秩序，因此必须予以惩治。

2. 本罪的客观方面

客观方面表现为未经许可经营专营、专卖物品或者其他限制买卖的物品、买卖进出口许可证、进出口原产地证明以及其他法律、行政法规规定的经营许可证或者批准文件，以及从事其他非法经营活动，扰乱市场秩序，情节严重的行为。主要有以下几种行为方式。

（1）未经许可经营法律、行政法规规定的专营、专卖物品或者其他限制买卖的物品。为了保证市场正常秩序，在中国对一些有关国计民生、人们生命健康安全以及公共利益的物资实行限制经营买卖。只有经过批准，获取经营许可证后才能对之从事诸如收购、储存、运输、加工、批发和销售等经营活动。没有经过批准而擅自予以经营的，就属非法经营。

所谓限制买卖物品，是指依规定不允许在市场上自由买卖的物品，如国家不允许自由买卖的重要生产资料和紧俏消费品；国家指定专门单位经营的物品，如烟草专卖品（卷烟、雪茄烟、烟丝、复烤烟卷烟纸、滤嘴棒、烟用丝束、烟草专用机械）、外汇、金银及其制品、金银工艺品、珠宝及贵重药材等。哪些物品限制买卖，由国家法律、行政法规规定。所有这些都是国家为调控特定物品的经营市场而做的特殊规定，非经许可即经营限制买卖的物品，给国家限制买卖物品市场造成了很大的混乱。

《最高人民法院关于审理非法出版物刑事案件具体应用法律若干问题的解释》（法释［1998］30号）第十一条：“违反国家规定，出版、印刷、复制、发行本解释第一条至第十条规定以外的其他严重危害社会秩序和扰乱市场秩序的非法出版物，情节严重的，依照刑法第二百二十五条第（三）项的规定，以非法经营罪定罪处罚。”

应当指出，限制经营物品虽然多种多样，但其必须为国家有关法律、法规所规定，只有有关法律、法规规定限制经营的，才属限制经营物品，否则，就不能对之加以认定。此外，是否为限制物品，并非一成不变，国家根据实际需要，可以加以变化调整。

（2）买卖进出口许可证、进出口原产地证明以及其他法律、法规规定的经营许可证或者批准证件。经营许可证或者有关批准文件，是持有人进行该项经济活动合法性的有效凭证。没有就属于非法经营。一些不法分子，本来没有经营国家限制买卖物品的资格，无法获取有关经营许可证件或者批准文件，便从他人处购买甚或伪造经营许可证或批准文件，企图逃避检查、制裁。

由此，买卖许可经营证件及批准文件的不法行为也应运而生。此种行为，直接促使了情节严重的非法经营国家限制买卖物品的活动泛滥，具有相当大的危害性，因此，亦应以刑罚予以惩治。

进出口许可证，由国务院对外经济贸易管理部门及其授权机构签发，不仅是对外贸易经营者合法进行对外贸易活动的证明，也是国家对进出口货物、技术进行管理的一种重要凭证，如海关对进出口货物、技术查验放行时必须以此为依据。

进出口原产地证明，是指用来证明进出口货物、技术原产地属于某国或某地区的有效凭证。其为进口国和地区视原产地不同征收差别关税和实施其他进口区别待遇的一种证明。

所谓其他法律、行政法规规定的经营许可证或者批准文件，一般是指对限制买卖物品的经营许可证件或批准文件。如烟草专卖许可证就是烟草专卖局颁发给企业单位和个人准许其经营烟草专卖品的证书，它包括烟草专卖生产许可证、烟草专卖经营许可证。

所谓准运证，是由省级烟草公司根据烟草总公司的调拨计划、文件或合同而签发的办理烟草托运手续的证书。前者是领证单位或个人从事烟草专卖业务的资料证明文件，是区分烟草行业合法经营和非法经营的重要凭证。后者是领取单位或个人从事烟草运输合法与否的重要凭证，国家主管部门经审查批准后将上述证件发给单位和个人，以加强对烟草专卖品的生产、经营和运输的监督和统一管理。

（3）其他严重扰乱市场秩序的非法经营行为，如非法经营证券、期货或者保险业务，非法从事资金支付结算业务。“非法从事资金支付结算业务”是指地下钱庄非法从事商业银行才能开展的接受客户委托代收代付，从付款单位存款账户划出款项，转入收款单位存款账户，以此完成客户之间债权债务清算或资金调拨的业务活动。

（4）其他严重扰乱市场经济秩序的非法经营行为。

① 非法买卖外汇。

② 非法经营出版物。

③ 非法经营电信业务。

④ 在生产、销售的饲料中添加盐酸克伦特罗等禁止在饲料和动物饮用水中使用的物品。

⑤ 擅自设立互联网上网服务营业场所（即网吧）或者擅自从事互联网上网服务经营活动。

⑥ 非法经营彩票。

3. 本罪的犯罪主体

本罪的犯罪主体是一般主体，即一切达到刑事责任年龄、具有刑事责任能力的自然人。依法成立、具有责任能力的单位也可以成为本罪的主体。本罪的主体，依本条原意是指经营者，但在市场经济条件下，“无人不商”，如果将本罪的主体限定为特殊主体，将会使许多没有任何经营许可证（非经营者）的买卖物品和进出口许可证和进出口原产地证的行为得不到惩处，因此，本罪的主体为一般主体。单位亦能构成本罪主体。

4. 本罪的主观方面

主观方面由故意构成，并且具有谋取非法利润的目的。如果行为人没有以牟取非法利润为目的，而是由于不懂法律、法规，买卖经营许可证的，不应当以本罪论处，应当由主管部门对其追究行政责任。

| 认定

从被取消的投机倒把罪名中分解衍生出来的非法经营罪，刑法第二百二十五条采用了叙明罪状表述，并以列举的方式做了具体规定。但是非法经营罪仍然保留了“口袋罪”的某些特征。刑法第二百二十五条第四项“其他严重扰乱市场秩序的非法经营行为”之规定，在尚无立法解释加以限制的情况下，显然是一个富有弹性的条款，从而给司法机关留下较大的自由裁量余地。

在修订刑法的过程中，对于取消投机倒把罪之后，是否需要在“非法经营罪”中留这么一个小“口袋”，曾有过争论。一种意见认为，由于新刑法要确立罪刑法定原则，刑法规范的明确具体是罪刑法定的内在要求。

因此，在新刑法分则中不宜再规定“其他”之类不确定的罪状内容，这也符合对“口袋罪”进行分解使之具体化的初衷。另一种意见认为，由于要取消类推制度，对“口袋罪”进行分解之后，如果对某些罪状规定得过于确定、具体而毫无弹性，对各种犯罪行为又难以尽列无遗。特别是在经济犯罪形态发展变化较快的经济变革时期，倘若有的条款一点“口袋”都不留，可能不利于及时打击花样翻新的经济犯罪，也不利于刑法典的相对稳定。因此有限制地设置一点“其他”之类的拾遗补漏条款还是必要的。

新刑法关于非法经营罪的规定正是更多地考虑了后一种意见而设置了第四项内容。这也从一个角度反映了中国刑法改革的渐进性和传统的原则性与灵活性相结合的立法指导思想对修订刑法的深刻影响。

新刑法实施两年来，从司法实践的情况看，非法经营罪的“口袋罪”遗传基因已经逐步显现。刑法第二百二十五条第四项之规定正越来越多地被援引，作为对刑法没有明文具体规定的有较大社会危害性的非法经营行为定罪的法律依据。由于“经营”的含义相当宽泛，生产、流通到交换、销售等几乎所有的经济活动，都可能属于经营活动，因此，非法经营罪的适用范围在实践中存在不断扩大的趋势。

但是，中国刑法毕竟已经步入罪刑法定的时代，灵活性必须以原则性为基础，任何与罪刑法定的基本原则相抵触的刑事立法与司法都应当尽力避免。因此，如何理解和把握非法经营罪的本质特征，正确阐释和适用该罪条文第四项规定，防止非法经营罪任意膨胀成为新的“口袋罪”，从而动摇罪刑法定原则的根基，是立法者、司法者和学者们应当共同关注的课题。

根据有关规定，对于经营法违法音像制品行为，构成犯罪的，应当根据案件的具体情况，分别按照最高人民法院《关于审理非法出版物刑事案件具体应用法律若干问题的解释》和《最高人民检察院、公安部关于公安机关管辖的刑事案件立案追诉标准的规定（二）》相关规定办理。

自 1998 年 12 月 23 日起实施的最高人民法院《关于审理非法出版物刑事案件具体应用法律若干问题的解释》，其中第十一条规定：“违反国家规定，出版、印刷、复制、发行本解释第一条至第十条规定以外的其他严重危害社会秩序和扰乱市场秩序的非法出版物，情节严重的，依照刑法第二百二十五条第 3 款规定，以非法经营罪定罪处罚。”

依据该司法解释第十二条的规定，个人经营数额在五万元至十万元以上的，违法所得数额在二万元至三万元以上的，经营音像制品、电子出版物 500 张（盒）以上的，属于非法经营行为“情节严重”；经营数额在十五万元至三十万元以上的，法违法所得数额在五万元至十万元以上，经营音像制品、电子出版物一千五百张（盒）以上的，属非法经营行为“情节特别严重”。

该司法解释第十三条规定，单位经营数额在十五万元至三十万元以上的，违法所得数额在五万元至十万元以上的，经营音像制品、电子出版物一千五百张（盒）以上的，属于非法经营行为“情节严重”；经营数额在五十万元至一百万元以上的，违法所得数额在十五万元至三十万元以上的，经营音像制品、电子出版物五千张（盒）以上的，属非法经营行为“情节特别严重”。

2010 年 5 月 7 日实施的最高人民检察院、公安部关于印发《最高人民检察院、公安部关于公安机关管辖的刑事案件立案追诉标准的规定（二）》的通知中，第七十九条中规定：

出版、印刷、复制、发行严重危害社会秩序和扰乱市场秩序的非法出版物，具有下列情形之一的：

（1）个人非法经营数额在五万元以上的，单位非法经营数额在十五万元以上的；

（2）个人违法所得数额在二万元以上，单位违法所得数额在五万元以上的；

（3）个人非法经营报纸五千份或者期刊五千本或者图书两千册或者音像制品、电子出版物五百张（盒）以上的；

（4）虽未达到上述数额标准，但具有下列情形之一的：

① 两年之内因出版、印刷、复制、发行非法出版物受过行政处罚二次以上的，又出版、印刷、复制、发行非法出版物的；

② 因出版、印刷、复制、发行非法出版物造成恶劣社会影响或者其他严重后果的。

非法从事出版物的出版、印刷、复制、发行业务，严重扰乱市场秩序，具有下列情形之一的：

（1）个人非法经营数额在十五万元以上的，单位非法经营数额在五十万元以上的；

（2）个人违法所得数额在五万元以上的，单位违法所得数额在十五万元以上的；

（3）个人非法经营报纸一万五千份或者期刊一万五千本或者图书五千册或者音像制品、电子出版物一千五百张（盒）以上的，单位非法经营报纸五万份或者期刊五万本或者图书一万五千册或者音像制品、电子出版物五千张（盒）以上的；

（4）虽未达到上述数额标准，两年内因非法从事出版物的出版、印刷、复制、发行业务受过行政处罚二次以上的，又非法从事出版物的出版、印刷、复制、发行业务的。

刑法第二百二十五条关于非法经营罪的规定，只能适用于扰乱市场秩序，情节严重的非法经营行为。该条第四项的适用，也不能脱离这个基本前提。

因此，对于刑法未明确规定的某种具有一定危害性的行为，若以非法经营罪论处，必须符合以下几个条件。

1）该行为是一种经营行为。虽然“经营”一词在语言学上并不特指经济营业活动，而是指“筹划并管理”“泛指计划和组织”等，但是，作为“破坏社会主义市场经济秩序罪”中规定的非法经营行为，其“经营”一词理应是经济领域中的营业活动，即应理解为是一种以营利为目的的经济活动，包括从事工业、商业、服务业、交通运输业等经营活动。

强调此“经营”行为以营利为目的是必要的，这是非法经营罪作为一种经济犯罪所应具备的一个基本特征。如果某种所谓经营活动不是以营利为目的，而是为了公益或者慈善目的，则即便该行为的某些方面不符合有关法规，也应将其排除于本罪之外。

2）该经营行为非法。所谓“非法”，是指该经营行为违反国家立法机关制定的法律和决定及国务院制定的行政法规、规定的行政措施、发布的决定和命令。通常是指违反国家法律、法规的禁止性或者限制性规范。如果国家法律、法规等未对某种经营行为予以禁止或者限制的，该经营行为不得被认定为非法经营行为。

例如，在国家立法机关和国务院未对IP电话的民间经营行为做出明文禁止或者限制之前，民间经营IP电话的行为就不宜认定为非法经营行为。国务院所属部门或者地方政府未经国务院批准或者授权而颁发的某种行政规章或其他文件中超过国家法律、法规内容的有关规定，一般不能成为认定非法经营行为的法律依据。

3）该非法经营行为严重扰乱了市场秩序。以市场秩序作为本罪侵犯的客体，这一方面表明非法经营罪是一种扰乱市场秩序的犯罪，另一方面，个罪客体与类罪客体的重叠，也印证了该罪之规定是“扰乱市场秩序罪”这一节的“兜底”条款。此所谓“市场秩序”包括市场准入秩序、市场竞争秩序和市场交易秩序。这三种秩序都可能成为非法经营罪侵害的客体。

① 刑事违法性与其行政违法性是一致的，也就是说，非法经营者必然违反有关的工商法规，没有行政违法性就不存在刑事违法性。

② 在主观上要求行为人必须是出于故意，且以营利为目的，对于因不知其为非法而进行非法经营且不以营利为目的的，不认为构成，而只能给予行为人以行政处罚。

③ 在犯罪情节上要求情节严重的才构成犯罪，而认定情节是否严重，应以非法经营额和所得额为起点，并且要结合行为人是否实施了非法经营行为，是否给国家造成重大损失或者引起其他严重后果，是否经行政处罚后仍不悔改等来判断。

市场经济既是自由经济，也是法治经济，判断非法经营罪应当注意如下问题：

1）非法经营的非法性必须是违反国家法律、行政法规等规范性文件。

非法经营的非法性是指违反国家规定。这个“国家规定”是指违反全国人民代表大会及其常务委员会制定的法律和决定，国务院制定的行政法规、规定的行政措施、发布的决定和命令。

非法经营罪违反的国家规定是指国家关于专营、专卖物品或者其他法律法规限制买卖物品的规定，国家关于进出口许可、进出口原产地证明以及其他法律法规关于经营许可、批准的规定，所以不是指违反一般的关于经营的法规。无照经营或者超越经营范围本身并不是非法经营，只有当无照经营或者超越经营范围的行为是需要行政许可才能经营时，才属于刑法意义上的非法经营行为。

例如，营业执照中没有经营烟草的内容，但是如果超出范围经营了烟草，因为烟草属于专营物品，因而这是一种非法经营行为。但是如果超出范围经营的不是需要经过行政许可或者审批以及专营专卖或者限制性买卖的物品，则不属于非法经营行为。

2）其他非法经营行为必须严格依照法律明文规定认定。

根据刑法“法无明文规定不为罪，不处罚”的基本原则，其他非法经营行为的认定应当严格按照法律明文规定进行，依法追究刑事责任。并且对于法律、行政法规或者司法解释关于其他非法经营行为的规定，应当受到“禁止适用事后法”原则的限制。否则，非法经营罪的范围将会被随意扩大。

3）2013 年 5 月 2 日《最高人民法院、最高人民检察院关于办理危害食品安全刑事案件适用法律若干问题的解释》明文规定的两种犯罪形式。

第十一条规定，以提供给他人生产、销售食品为目的，违反国家规定，生产、销售国家禁止用于食品生产、销售的非食品原料，情节严重的，依照刑法二百二十五条的规定以非法经营罪定罪处罚。

违反国家规定，生产、销售国家禁止生产、销售、使用的农药、兽药，饲料、饲料添加剂，或者饲料原料、饲料添加剂原料，情节严重的，依照前款的规定定罪处罚。

实施前两款行为，同时又构成生产、销售伪劣产品罪，生产、销售伪劣农药、兽药罪等其他犯罪的，依照处罚较重的规定定罪处罚。

第十二条规定，违反国家规定，私设生猪屠宰厂（场），从事生猪屠宰、销售等经营活动，情节严重的，依照刑法第 225 条的规定以非法经营罪定罪处罚。

根据最高人民检察院、公安部《关于经济犯罪案件追诉标准的规定》的有关规定，对非法经营案，符合下列情形之一的，应当追诉：

（1）违反国家规定，采取租用国际专线、私设转接设备或者其他方法，擅自经营国际电信业务或者涉港澳台电信业务进行营利活动，涉嫌下列情形之一的，应予追诉：

1）经营去话业务数额在一百万元以上的；

2）经营来话业务造成电信资费损失数额在一百万元以上的；

3）虽未达到上述数额标准，但因非法经营国际电信业务或者涉港澳台电信业务，受过行政处罚 2 次以上，又进行非法经营活动的。

（2）非法经营外汇，涉嫌下列情形之一的，应予追诉：

1）在外汇指定银行和中国外汇交易中心及其分中心以外买卖外汇，数额在二十万美元以上的，或者违法所得数额在五万元人民币以上的；

2）公司、企业或者其他单位违反有关外贸代理业务规定，采用非法手段，或者明知是伪造、变造的凭证、商业单据，为他人向外汇指定银行骗购外汇数额在五百万美元以上的，或者违法所得数额在五十万元人民币以上的；

3）居间介绍骗购外汇数额在一百万美元以上或者违法所得数额在十万元人民币以上的。

（3）违反国家规定，出版、印刷、复制、发行非法出版物，涉嫌下列情形之一的，应予追诉：

1）个人非法经营数额在五万元以上的，单位非法经营数额在十五万元以上的；

2）个人违法所得数额在二万元以上的，单位违法所得数额在五万元以上的；个人非法经营报纸五千份或者期刊五千本或者图书二千册或者音像制品、电子出版物五百张（盒）以上的；

3）单位非法经营报纸一万五千份或者期刊一万五千本或者图书五千册或者音像制品、电子出版物一千五百张（盒）以上的；

（4）未经国家有关主管部门批准，非法经营证券、期货或者保险业务，非法经营数额在三十万元以上，或者违法所得数额在五万元以上的，应予追诉。

（5）个人或单位从事其他非法经营活动，涉嫌下列情形之一的，应予追诉：

1）个人的非法经营数额在五万元以上，或者违法所得数额在一万元以上的；

2）单位的非法经营数额在五十万元以上，或者违法所得数额在十万元以上的。

| 量刑及法条

1. 刑法 第二百二十五条 非法经营罪

违反国家规定，有下列非法经营行为之一，扰乱市场秩序，情节严重的，处五年以下有期徒刑或者拘役，并处或者单处违法所得一倍以上五倍以下罚金；情节特别严重的，处五年以上有期徒刑，并处违法所得一倍以上五倍以下罚金或者没收财产：

（1）未经许可经营法律、行政法规规定的专营、专卖物品或者其他限制买卖的物品的；

（2）买卖进出口许可证、进出口原产地证明以及其他法律、行政法规规定的经营许可证或者批准文件的；

（3）未经国家有关主管部门批准非法经营证券、期货、保险业务的，或者非法从事资金支付结算业务的；

（4）其他严重扰乱市场秩序的非法经营行为。

2.《全国人大常委会关于惩治骗购外汇、逃汇和非法买卖外汇犯罪的决定》

第四条　在国家规定的交易场所以外非法买卖外汇，扰乱市场秩序，情节严重的，依照刑法第二百二十五条的规定定罪处罚。

单位犯前款罪的，依照刑法第二百三十一条的规定处罚。

自2019年10月21日施行的最高人民法院、最高人民检察院、公安部、司法部《关于办理非法放贷刑事案件若干问题的意见》规定，情节严重的按非法经营罪处罚。

司法解释

《关于办理妨害预防、控制突发传染病疫情等灾害的刑事案件具体应用法律若干问题的解释》（2003年5月15日起施行）。

第六条　违反国家在预防、控制突发传染病疫情等灾害期间有关市场经营、价格管理等规定，哄抬物价、牟取暴利，严重扰乱市场秩序，违法所得数额较大或者有其他严重情节的，依照刑法第二百二十五条第（四）项的规定，以非法经营罪定罪，依法从重处罚。

《关于办理非法生产、销售、使用禁止在饲料和动物饮用水中使用的药品等刑事案件具体应用法律若干问题的解释》（2002年8月16日起施行）。

第一条　未取得药品生产、经营许可证件和批准文号，非法生产、销售盐酸克仑特罗等禁止在饲料和动物饮用水中使用的药品，扰乱药品市场秩序，情节严重的，依照刑法第二百二十五条第（一）项的规定，以非法经营罪追究刑事责任。

第二条　在生产、销售的饲料中添加盐酸克仑特罗等禁止在饲料和动物饮用水中使用的药品，或者销售明知是添加有该类药品的饲料，情节严重的，依照刑法第二百二十五条第（四）项的规定，以非法经营罪追究刑事责任。

第五条 实施本解释规定的行为，同时触犯刑法规定的两种以上犯罪的，依照处罚较重的规定追究刑事责任。

第六条 禁止在饲料和动物饮用水中使用的药品，依照国家有关部门公告的禁止在饲料和动物饮用水中使用的药物品种目录确定。

第七章 侵犯财产罪

第一节 拿婚礼服务款临时周转做了投资，算借钱吗

职务侵占罪

案例

2019年1月～7月间，张某先后利用其在杭州某酒店管理有限公司、杭州某文化创意有限公司（经营地址均位于杭州市江干区，实际经营人均为王某某）担任销售人员，公司部分款项打入她本人账户的便利，陆续将公司客户王某、杨某夫妇，蒋某、陈某夫妇，汪某、郭某夫妇，汪某、庞某夫妇，周某、陈某夫妇，张某、毛某夫妇，吴某、郑某夫妇，裘某、吴某夫妇，陆某、张某夫妇交付给公司的部分婚礼、婚宴服务款对外放贷，共计人民币408342元。被告人张某的投资款未收回。

浙江省杭州市江干区人民检察院以江检公诉刑诉［2020］XX号起诉书指控被告人张某犯职务侵占罪，于2020年6月9日向法院提起公诉并建议适用简易程序。

现法院已审理终结，法院认为，本案被害的两家单位均获得营业执照，分别为有限责任公司和一人有限责任公司，具有法人资格，受到刑法的保护。

两家公司的财产权能够成为职务侵占罪的客体，客户与两家公司签订合同，由两家公司为客户提供服务，客户支付的钱款属于两家公司所有，具体的经营方式和财务走账是公司的自由，管理上是否存在漏洞不影响刑法

对公司财产权的保护。被告人张某利用公司销售人员的职务便利侵吞两家公司财产占为已有并用于个人消费，已构成职务侵占罪。以职务侵占罪判处判决如下：

（1）被告人张某犯职务侵占罪，判处有期徒刑二年三个月。

（2）责令被告人张某退赔杭州某酒店管理有限公司、杭州某文化创意有限公司的经济损失合计人民币 408342 元。

| 法律小常识

| 定义

职务侵占罪是指公司、企业或者其他单位的人员，利用职务上的便利，将本单位财物非法占为已有，数额较大的行为。

| 构成

1. 本罪的犯罪客体

本罪的犯罪客体是公司、企业或者其他单位的财产所有权。此处所称“公司”，是指按照《中华人民共和国公司法》 规定设立的非国有的有限责任公司和股份有限公司；所称“企业”，是指除上述公司以外的非国有的经过工商行政管理机关批准设立的有一定数量的注册资金及一定数量的从业人员的营利性的经济组织，如商店、工厂、饭店、宾馆及各种服务性行业、交通运输行业等经济组织；其他单位，是指除上述公司、企业以外的非国有的社会团体或经济组织，包括集体或者民办的事业单位，以及各类团体。

职务侵占罪侵犯的对象是公司、企业或者其他单位的财物，包括动产和不动产所谓“动产”，不仅指已在公司、企业、其他单位占有、管理之下的钱财（包括人民币、外币、有价证券等），而且也包括本单位有权占有而未占有的财物，如公司、企业或其他单位拥有的债权。就财物的形态而言，犯罪对象包括有形物和无形物，如厂房、电力、煤气、天然气和工业产权，等等。

2. 本罪的客观方面

本罪在客观方面表现为利用职务上的便利，侵占本单位财物，数额较大的行为具体而言，包括以下 3 个方面。

（1）必须是利用自己的职务上的便利。

所谓利用职务上的便利，是指利用职权及与职务有关的便利条件。职权，是指本人职务、岗位范围内的权力，与职务有关的便利条件，是指虽然不是直接利用职务或岗位上的权限，但却利用了本人的职权或地位所形成的便利条件，或通过其他人员利用职务或地位上的便利条件。

包括：

1）利用自己主管、分管、经手、决定或处理以及经办一定事项等的权力；

2）依靠、凭借自己的权力去指挥、影响下属或利用其他人员的与职务、岗位有关的权限；

3）依靠、凭借权限、地位控制、左右其他人员，或者利用对己有所求人员的权限，如单位领导利用调拨、处置单位财产的权力；出纳利用经手、管理钱财的权利；一般职工利用单位暂时将财物，如房屋等交给自己使用、保管的权利等。至于不是利用职务上的便利，而仅是利用工作上的便利如熟悉环境、容易混入现场、易接近目标等，即使取得了财物，也不是构成本罪，构成犯罪的，应当以他罪如盗窃罪论处。

（2）必须有侵占的行为。

本单位财物，是指单位依法占有的全部财产，包括本单位以自己名义拥有或虽不以自己名义拥有但为本单位占有的一切物权、无形财物权和债权。其具体形态可是建筑物、设备、库存商品、现金、专利、商标等。所谓非法占为己有，是指采用侵吞、窃取、骗取等各种手段将本单位财物化为私有，既包括将合法已持有的单位财物视为己物而加以处分、使用、收藏即变持有为所有的行为，如将自己所占有的单位房屋、设备等财产等谎称为自有，标价出售；将所住的单位房屋，过户登记为己有；或者隐匿保管之物，谎称已被盗窃、遗失、损坏等等，又包括先不占有单位财物但利用职务之便而骗取、窃取、侵吞、私分从而转化为私有的行为。

不论是先持有而转为己有还是先不持有而采取侵吞、窃取、骗取方法转为己有，只要本质上出于非法占有的目的，并利用了职务之便做出了这种非法占有的意思表示，达到了数额较大的标准，即可构成本罪。

值得注意的是，行为人对本单位财物的非法侵占一旦开始，便处于继续状态，但这只是非法所有状态结果的继续，并非本罪的侵占行为的继续。侵占行为的完成，则应视为既遂。至于未遂，则应视侵占行为是否完成而定，如果没有完成，则应以未遂论处，如财会人员故意将某笔收款不入账，但未来得及结账就被发现，则应以本罪未遂论处。

（3）必须达到数额较大的程度如果仅有非法侵占公司、企业及其他单位财物的行为，但没有达到数额较大的标准，则也不能构成本罪。

至于数额较大的起点数额，根据最高人民法院、最高人民检察院 2016 年 4 月 18 日联合发布《最高人民法院、最高人民检察院关于办理贪污贿赂刑事案件适用法律若干问题的解释》第十一条，刑法第一百六十三条规定的非国家工作人员受贿罪、第二百七十一条规定的职务侵占罪中的“数额较大”“数额巨大”的数额起点，按照本解释关于受贿罪、贪污罪相对应的数额标准规定的二倍、五倍执行。

第一条 贪污或者受贿数额在三万元以上不满二十万元的，应当认定为刑法第三百八十三条第一款规定的“数额较大”，依法判处三年以下有期徒刑或者拘役，并处罚金。

第二条 贪污或者受贿数额在二十万元以上不满三百万元的，应当认定为刑法第三百八十三条第一款规定的“数额巨大”，依法判处三年以上十年以下有期徒刑，并处罚金或者没收财产。

根据上述规定，职务侵占六万元以上一百万元以下为数额较大；一百万元以上为数额巨大。

3. 本罪的犯罪主体

本罪主体为特殊主体，包括公司、企业或者其他单位的人员。具体是指三种不同身份的自然人。

（1）股份有限公司、有限责任公司的董事、监事。这些董事、监事必须不具有国家工作人员身份，他们是公司的实际领导者，具有一定的职权，当然可以成为本罪的主体。

（2）上述公司的人员，是指除公司董事、监事之外的经理、部门负责人和其他一般职员和工人。这些经理、部门负责人以及职员也必须不具有国家工作人员身份，他们或有特定的职权，或因从事一定的工作，可以利用职权或工作之便侵占公司的财物而成为本罪的主体。

（3）上述公司以外企业或者其他单位的人员，是指集体性质企业、私营企业、外商独资企业的职工，国有企业、公司、中外合资、中外合作企业等中不具有国家工作人员身份的所有职工。

综上，凡具有国家工作人员身份的人员，利用职务或者工作上的便利，侵占本单位的财物的，应依照本法第三百八十二、三百八十三条关于贪污罪的规定处罚，不具有国家工作人员身份的，利用职务上的便利，侵占本单位财物，则按本罪论处。这里所说的“国家工作人员”是指在国有公司、企业或者其他公司、企业中行使管理职权，并具有国家工作人员身份的人员，包括受国有公司、国有企业委派或者聘请，作为国有公司、国有企业代表，在中外合资、合作、股份制公司、企业等非国有公司企业中，行使管理职权，并具有国家工作人员身份的人员。具有国家工作人员身份的人，不能成为本罪的主体。

4. 本罪的主观方面

本罪在主观方面是直接故意，且具有非法占有公司、企业或其他单位财物的目的。即行为人妄图在经济上取得对本单位财物的占有、收益、处分的权利。至于是否已经取得或行使了这些权利，并不影响犯罪的构成。

| 重点比较

1. 本罪与贪污罪的界限

如前所述，职务侵占罪与贪污罪存在密切的关系，从立法过程上看，职务侵占罪由贪污罪分化而来。从犯罪构成上看，两者的相同点是：

（1）主观上均由故意构成；

（2）客观方面都表现为利用职务上的便利；

（3）在行为上都表现为盗窃、骗取、侵吞或其他非法手段占有公共财物的行为。

但是与贪污罪又有明显不同，具体区别有如下几个方面：

（1）本罪的犯罪主体不同。这是职务侵占罪和贪污罪最主要、最本质的区别。本罪的主体是公司、企业或者其他单位的人员。无论是股份有限公司、有限责任公司，还是国有公司、企业、中外合资、中外合作、集体性质企业、外商独资企业、私营企业等中不具有国家工作人员身份的一切职工都可成为本罪的主体，贪污罪的主体则只限于国家工作人员，其中包括在国有公司、企业或者其他公司、企业中行使管理职权，并具有国家工作人员身份的人员，包括受国有公司、国有企业委派或者聘请，作为国有公司、国有企业代表，在中外合资、合作、股份制公司、企业等非国有单位中，行使管理职权，并具有国家工作人员身份的人员。

（2）犯罪行为不同。本罪是利用职务的便利，侵占本单位财物的行为。而贪污罪是指利用职务上的便利侵吞、盗窃、骗取公共财物的行为。

（3）犯罪对象不同。本罪的对象必须是自己职权范围内或者是工作范围内经营的本单位的财物。它既可能是公共财物，也可能是私有财物。而贪污罪则只能是公共财物。

（4）情节要件的要求不同。本罪的构成必须是侵占公司、企业财物数额较大的行为，数额较小的不构成犯罪。但法律对贪污罪没有规定数额的限制。当然如果犯罪数额较小，情节显著轻微危害不大的贪污行为不应认为是犯罪。

（5）法定刑上有所不同。本罪的最高法定刑只有十五年有期徒刑，而贪污罪的最高法定刑为死刑，根据《刑法》第三百八十三条的规定，贪污罪一般以五千元作为追究刑事责任的数额起点，对不满五千元、情节较重的，也可以追究刑事责任。

共同犯罪的情况是指具有国家工作人员身份的人员与公司、企业或者其他单位的人员共同侵占单位财物如何定性处理。

对此有两种不同意见。一种意见是按主犯的基本特征定性，如主犯具有国家工作人员身份的，那么同案犯都定贪污罪；如主犯的身份是公司、企业或者其他单位的人员，那么具有国家工作人员身份的司案犯定侵占罪。另一种意见，如果主犯的身份是公司、企业或者其他单位的人员，那么全案都定侵占罪；如果主犯的身份是国家工作人员，应分别定罪，具有国家工作人员身份的定贪污罪，公司、企业或者其他单位的人员定侵占罪。

参考法条：《最高人民法院关于审理贪污、职务侵占案件如何认定共同犯罪几个问题的解释》【（2000 年 6 月 27 日最高人民法院审判委员会第 1120 次会议通过 法释［2000］15 号） 发布部门：最高人民法院 发布日期：2000 年 06 月 30 日 实施日期：2000 年 07 月 08 日】

为依法审理贪污或者职务侵占犯罪案件，现就这类案件如何认定共同犯罪问题解释如下：

第一条 行为人与国家工作人员勾结，利用国家工作人员的职务便利，共同侵吞、窃取、骗取或者以其他手段非法占有公共财物的，以贪污罪共犯论处。

第二条 行为人与公司、企业或者其他单位的人员勾结，利用公司、企业或者其他单位人员的职务便利，共同将该单位财物非法占为己有，数额较大的，以职务侵占罪共犯论处。

第三条 公司、企业或者其他单位中，不具有国家工作人员身份的人与国家工作人员勾结，分别利用各自的职务便利，共同将本单位财物非法占为己有的，按照主犯的犯罪性质定罪。

2. 本罪与盗窃罪的界限

（1）从主体切入区分“职务侵占罪”与“盗窃罪”。

1）从法律规定寻找直观主体。

《中华人民共和国刑法》第二百七十一条第一款规定：“公司、企业或者其他单位的人员，利用职务上的便利，将本单位财物非法占为己有，数额较大的，处五年以下有期徒刑或拘役，数额巨大的，处五年以上有期徒刑，可以并处没收财产。”据此，可以确定职务侵占罪的主体，为“公司、企业或者其他单位的人员”，具体而言，包括：

①国有公司、企业或者其他单位中的非国家工作人员利用工作之便非法占有单位财物，数额较大的；

②非国有公司、企业或者其他单位中的非国家工作人员，利用职务之便非法占有本单位财物，数额较大的。

以上人员均是单位正式在册或者在编人员，或有特定的职权、职务，或从事一定具有实际内容的工作，可以利用职务之便侵占单位财物而成为职务侵占罪的犯罪主体。相对而言，盗窃罪只是一般主体，不需要行为人具有特殊身份。

2）从司法实践确立犯罪主体。

“利用职务上的便利”是否要求行为人与单位存在长期、稳定的人事关系。本辩护人认为职务类犯罪与盗窃罪的在性质方面的根本差别在于，职务类犯罪除了行为人非法占有单位财产之外，根本在于他的“渎职性”。这种“渎职”，不要求主体必须是单位的正式员工，因为即使是聘任制甚至劳务员工，在单位都有自己负责或者经手的事项，也就是所谓的岗位职责。在利用职务便利非法侵占单位财产时，除了使单位蒙受经济损失之外，实质是一种“信赖利益的破坏”。

盗窃罪的客观表现是一般主体秘密窃取公私财产，彼此之间没有交集性质的“信赖”，而职务侵占罪的落脚点在于“利用职务之便利”。这种职务上的便利，其实是单位基于对个人的信任所创设出来的。因而从法益角度讲，不仅是侵害了单位公共财产，更是对社会诚信的践踏。

据此，我们可以认为对于公司、企业或者其他单位中，不具有国家工作人员身份的一般职员和工人，如果依法签订劳动合同确立劳动关系或者虽未签订劳动合同，但在单位工作地提供具有一定工作权利或便利的人员，可以成为职务侵占罪的犯罪主体。本案中，被告人陈述、受害单位的证明，均能证明犯罪嫌疑均系为受害单位的工作人员，能够成为职务侵占罪的犯罪主体。

职务侵占罪典型案例：

甲公司向乙公司购买燃煤，合同签订后，乙公司委托丙公司运输，丙公司指派员工王某运输该批燃煤。王某在运输过程中见财起意，半路上将部分燃煤运到一隐蔽处卸下，再以煤渣充数。

在本案中，首先从犯罪手段来看，司机王某在运输过程中对该批燃煤采取秘密的方式进行窃取，其显然利用了运输这个职务上的便利条件。

其次从犯罪对象来看，王某非法占有的燃煤虽然不为其所在的丙公司所有，但由于受乙公司的委托，丙公司对该批燃煤属于合法占有，王某通过以次充好的形式用煤渣换燃煤的行为，是利用骗取的方法将本单位财物非法占为己有，符合职务侵占罪中的犯罪对象。

综上所述，司机王某在运输其所在的丙公司代为运输的燃煤的过程中，采用以次充好的骗取的方式，将单位财物非法占为己有，符合职务侵占罪的犯罪构成，应认定为职务侵占罪。

从客观方面区分“职务侵占罪”与“盗窃罪”。

职务侵占罪和盗窃罪在客观方面一个最重要的区分点，就在于行为人是否利用“职务上的便利”。首先，明确什么是“职务”，《辞海》对“职务”的解释为：“职位规定应该担任的工作”。这里有两层关键的意思：

（1）工作包括体力劳动和脑力劳动；

（2）拥有“职位”，而不是“职权”。只要是具有一定岗位，拥有一定实际工作内容的职责，包括管理职责和从事具体的业务活动。

1999年的《最高人民检察院关于人民检察院直接受理立案侦查立案标准的规定（试行）》中分别对贪污罪、受贿罪中“利用职务上的便利”的含义进行了解释，其第一条第二款规定：“‘利用职务上的便利’是指利用职务上主管、管理、经手公共财物的权力及方便条件。”

我们需要从中把握“主管”“管理”和“经手”这几个关键词。主管财物，主要指领导人员在职务上具有对单位的财物的购置、调配、流向等决定权力。经手财物，主要指因执行职务而领取、使用、支配单位的财物等权力。管理财物，主要指对单位财物的保管与管理。

对于以上关键词的把握，决定了能否精准地认识“利用职务便利”在客观方面所表现出来的形形色色的作案手段。根据对上述法律规定的解析，仅利用对工作环境的熟悉非法占有单位公共财产，应纳入盗窃罪的范畴。

从刑法“法益维护说”来认定本案罪名。

一种行为之所以称其为“犯罪行为”，是因为其具有社会危害性。这种危害性从“法益维护说”来讲，实质是某种行为侵犯了法律所要保护的某种权益。盗窃罪侵犯的仅仅是公私财产所有权，职务侵占罪如前所述，侵犯的是双重法益——单位财产所有权以及信赖利益。后者“信赖利益的破坏”是区分此罪彼罪的关键，在开放自由的市场经济环境下，职务侵占罪对于建立在诚信基础上的单位与个人之间的“信赖利益”的破坏，是基于充分的信任和职责寄托，因而认定被告构成职务侵占罪定性更为准确。

综上所述，经济的迅速发展，衍生、伪装了各种形式的犯罪。各犯罪行为之间经常有交叉、交互的现象，在外在表象上很容易混淆此罪和彼罪。因而刑事立法对于犯罪类型的描述和把握上，需要更加具有指导性和操作性。

同时，面对社会林林总总的犯罪主体和手段，司法工作者应坚持法律基本原则和宗旨，刨去犯罪行为外在的包饰，精准把握法条的外延和内涵，准确界定犯罪行为性质，真正发挥刑法打击犯罪、警示社会、维护正义的职能，恳请公诉机关能够综合案件所有情况，认定犯罪嫌疑人职务侵占罪。

两种犯罪都是以非法占有财物为目的，侵犯财产所有权的犯罪。二者的主要区别如下：

（1）本罪的犯罪主体不同。本罪的主体是特殊主体，盗窃罪的主体为一般主体。

（2）犯罪对象不同。本罪对象只能是本单位的财物；而盗窃罪的对象是他人财物，包括公私财物，而且多为犯罪行为前不被自己所控制的他人财物。

（3）犯罪的手段不同。本罪是利用职务的便利侵占实际掌管的本单位财物；而盗窃罪则是采用秘密窃取的手段获取他人财物的行为。

（4）法定刑不同。本罪最高法定刑是十五年有期徒刑，法定刑较轻，且量刑的幅度较小；而盗窃罪的最高法定刑为无期徒刑，量刑幅度较宽。

3. 本罪与诈骗罪的界限

两种犯罪都是以非法占有为目的，侵犯财产所有权的行为，两者的主要区别如下：

（1）本罪的犯罪主体不同。本罪主体是特殊主体，必须是公司、企业或者其他单位的人员；而诈骗罪的主体为一般主体。

（2）犯罪对象不同。本罪的对象是本公司企业的财物，这种财物实际上已被行为人所掌握，而诈骗罪的对象是不为自己实际控制的他人财物。

（3）犯罪的行为不同。本罪是利用职务上的便利侵占本单位的财物；而诈骗罪则是用虚构的事实或者隐瞒事实真相的方法骗取他人的财物。

4. 本罪与侵占罪的界限

（1）本罪的主体是公司、企业或者其他单位的工作人员，且非国家工作人员，为特殊主体；而后者的主体为一般主体，即达到刑事责任年龄具有刑事责任能力的自然人。

（2）本罪在主观方面表现为明知是单位的财物而决意采取侵吞、窃取、欺诈等手段非法占为己有；而后罪的主观内容则明知是他人的代为保管的财物、遗忘物或埋藏物而决意占为已有，拒不交还。

（3）本罪在客观方面表现为利用职务之便将单位财物非法占为己有，即化公为私。但行为人必须利用职务上的便利，采取的是侵吞、窃取、骗取等手段，但财物是否先已为其持有则不影响本罪成立；而后者则必先正当、善意、合法地持有了他人的财物，再利用各种手段占为己有且拒不交还，行为不必要求利用职务之便。

（4）本罪所侵犯的对象是公司、企业或者其他单位的财物，其中既有国有的，也有集体的，还有个人的；后罪所侵犯的仅仅是他人的3种特定物，即系为自己保管的他人财物、遗忘物或者埋藏物。他人仅是指个人，而不包括单位。

（5）本罪所侵犯的客体是公私财物的所有权；而后罪所侵犯的仅是他人财物的所有权。

（6）本罪不属于告诉才处理的案件，而后者则只有告诉的才处理。

5. 本罪与侵占罪的界限

根据刑法第二百七十条的规定，侵占罪是指以非法占有为目的，将自己代为保管的他人财物非法占为己有，数额较大，拒不退还或将他人遗忘物或埋藏物非法占为己有，数额较大，拒不交出的行为。职务侵占罪和侵占罪都是以财物为对象的犯罪，都侵犯了他人财物的所有权。主观上都是具有非法占有的目的，客观上都具有变合法持有为非法占有的特点，但两者的区别是明显的。

（1）犯罪主体不同。职务侵占罪的主体只能是公司、企业或其他单位中主管、管理、经手本单位财物的人员，而后者的主体是持有他人财物的人员。

（2）犯罪的客观表现不同。职务侵占罪是利用职务上主管、管理、经手本单位财物的便利，行为人只要实施了非法占为己有的行为即可构成犯罪，不以拒不交出或拒不退还为必要条件。而侵占罪无须利用职务上的便利，在实施了非法占为己有的行为后，还必须以拒不退还或拒不交出为犯罪成立的必要要件。

（3）犯罪对象不同。职务侵占罪的犯罪对象只能为单位财物，侵占罪的犯罪对象则包括行为人代管的他人财物，也包括他人的遗忘物和埋藏物。

6. 本罪与挪用资金罪的界限

根据刑法第二百七十二条的规定，挪用资金罪是公司、企业或者其他单位的工作人员，利用职务上的便利，挪用本单位资金归个人使用或者借贷给他人，数额较大，超过 3 个月未还的或者虽未过 3 个月，但数额较大，进行营利活动的或者进行非法活动的行为。两者的相同点是犯罪主体上都是公司、企业或其他单位的工作人员。客体上侵犯的都是公司、企业或其他单位的财产所有权。客观方面都表现为利用职务上的便利。

两者的区别如下：

（1）犯罪客体不尽相同。两罪虽然都侵犯了财物的所有权，但职务侵占罪侵犯了财物所有权的全部权能；而挪用资金罪只侵犯了所有权的一部分，即侵犯了资金的使用权和收益权，但并未侵犯处置权。

（2）犯罪行为对象不尽相同。职务侵占罪的对象是本单位的财物，外延广于资金；而挪用资金罪只能是本单位的资金。

（3）犯罪故意内容不同。职务侵占罪的故意内容是以非法占为己有为目的，完全不打算归还；而挪用资金罪的故意内容只是暂时借用本单位的资金，准备日后归还。

7. 本罪与盗窃罪的界限

职务侵占罪与盗窃罪虽然同属侵犯财物所有权的犯罪，主观方面都是以非法占有为目的，但两罪在犯罪构成上的区别主要是客观方面不同。

构成职务侵占罪的条件如下：

（1）要求行为人必须利用其职务上的便利。即利用自己主管、管理、经营和经手单位财物的便利条件；不是利用职务之便，而是利用工作之便侵占本单位财物的行为，不能构成本罪。

（2）前者须将本单位财物非法占为已有。即利用职务之便实施了侵吞、窃取、骗取或者以其他方法非法占有单位财物的行为，盗窃只是职务侵占罪的行为方式之一。而盗窃罪的行为表现是采取秘密窃取方法非法占有他人财物，行为人始终没有利用职务之便。

从犯罪客观方面如能分辨出利用职务上的便利与利用工作条件便利的区别，就好界定职务侵占罪与盗窃罪的区别。如何理解职务之便与工作之便，有必要了解“职务”和“工作”的含义。就内涵而言，“职务”的基本含义是指职位规定应当担任的工作。职务是一项工作，不能与“职权”画等号；亦即不能把利用职务上的便利仅仅解释为利用职权便利。

一般来说，“职权”的含义窄一些，它容易仅与担负单位的管理职责相联系。“工作”的含义相对较广一些，既包括在一定单位中担当管理职责，也包括从事具体的业务活动。就“职务”的外延来说，一般认为包括主管、管理、经手单位财物几种情形。详言之，“主管”是指行为人虽不具体管理、经手单位财物，但对单位财物的调拨、安排、使用具有决定权。

如公司的总经理在一定范围内拥有调配、处置单位财产的权力。“管理”是指行为人对单位财物直接负有保管、处理、使用的职责，亦即对单位财物具有一定的处置权。如企业的会计负有管理单位财务的职责。“经手”是指行为人虽不负有管理、处置单位财物的职责，但因工作需要、单位财物一度由其经手，行为人对单位财物具有临时的实际控制权。

无论是行为人对单位财物的支配、决定权，一定的处置权，还是临时的实际控制权，均以行为人所担负的单位职责为基础，或者均因行为人所担负的单位职责而产生。换言之，只有行为人利用本人职责范围内的、对单位财物的一定权限而实施的侵占行为，才属于利用职务上的便利而实施的侵占单位财物的犯罪，因而应当认定为职务侵占罪。

如果行为人与非法占有的单位财物没有职责上的权限或直接关联，仅仅只是利用了工作中易于接触他人管理、经手中的单位财物，或者熟悉作案环境的便利条件，则属于利用工作条件便利，由此实施的财产犯罪，应当根据行为人具体采用的非法占有单位财物的不同手段，分别认定为盗窃、诈骗或者侵占罪。

| 认定

随着我国市场经济的建立和完善，改革开放不断深入，经济体制改革不断深化，经济迅速发展，财产流转日益频繁。在现实生活中，公司、企业和其他单位人员利用职务之便侵占公共财物的问题日渐突出。分别是在体制转轨过程中，市场主体多样化，经济成分多元化，一些公司、企业或其他单位人员职务侵占的案件呈上升趋势。

在司法实务中，正确认定职务侵占罪，按照每人刑法定原则注意把握职务侵占罪与侵占罪、贪污罪等的区别，按照罪刑法定原则准确定罪量刑，这对于发挥刑法打击犯罪职能作用至关重要。职务侵占罪的犯罪的主观方面是直接故意，无须详论。

笔者拟结合审判工作实际，就职务侵占罪犯罪构成的主体、客体、客观方面和法定刑等几个问题进行探讨，以期对司法实务有所裨益。

1. 本罪的犯罪客体

（1）职务侵占罪的犯罪客体是公司、企业或者其他单位的财产所有权。根据《民法通则》第七十一条的规定，财产所有权是基于物权而形成的一种法律上的物的支配关系。从积极方面理解，表现为所有人依法对自己的财产享有占有、使用、收益和处分的权利；从消极方面理解，表现为独占或排除他人干涉、侵夺和妨害的权利。职务侵占罪的犯罪行为正是侵犯了公司、企业或其他单位的上述权利，而妄图取得对本单位财物的占有，收用、处分等权利。

（2）职务侵占罪的犯罪对象，是指本单位的财物。从法律属性上分析，本单位财物不仅指单位所有的财物，而且应包括单位“村有”的财物，即本单位依照法律规定或契约约定临时管理、使用或运输的他人财物。其与侵占罪的区别，后文详论。从自然属性分析，包括动产和不动产，有形财产和无形财产。

司法实务中，难点在于是否把无形财产作为职务侵占罪的犯罪对象。无形财产指不具有自然形态，但能为人们提供某种权利并带来利益的财产。梁慧星教授对“物的观念之扩张”有如下论述：由于社会经济和科学技术的发展，对电热声光等能的广泛利用，迫使法律扩张物的概念。于是，电热声、光等自然力，亦被拆为物，而不拘于“有形”。但权利仍不包括在内。

我国民法亦应如此解释。最高人民法院《关于审理盗窃案件具体应用法律若干问题的解释》中规定:“盗窃公私财物，包括电力、煤气、天然气等”。因此，按照最高法院司法解释的规定和“物的观念之扩张”理论，无形财产应成为职务侵占罪的犯罪对象。但是，人为知识产权的专利权、商报权、功作权和商业秘密等，不同于有形财产，也不同于电力、热能、煤气、天然气等无形物，这类无形财产不应作为职务侵占罪的犯罪对象，应根据具体情况以侵犯知识产权罪定罪量刑。

我认为，应以是否控股和投资比例为标准界定混合型经济的财产性质。即国有、集体控股（控股 51% 以上为绝对控股，35% ~ 51% 为相对控股）或投资比例占多数的企业财产，应全额认定为公共财产；不控股或投资比例占少数的企业财产，一律不认定为公共财产。

党的十五大报告对股份问题指出：“关键看控股权掌握在谁中，国家和集体控股，其有明显的公有性。”我国刑法罪刑法定原则，其含义就是“法无明文规定不为罪，法无明文规定不处罚。”着重以个人自由为价值取向，体现了刑法保障人权的精神。

司法实务中，解释刑法必须体现罪刑法定原则的精神。在法律规定不明确的情况下，按照刑法罪刑法定原则，就要做有利被告人的解释。《刑法》第九十一条第二款规定：“在国家机关、国有公司、企业、集体企业和人民团体中管理使用或者运输中的私人财产，以公共财产论。”从而把国有、集体控股或投资比例占多数的企业中的私人财产以公共财产论。

我认为，按照控股和投资比例来界定混合型经济的财产情况，《刑法》第九十一条第二款可以作为法律依据，也便于司务实务人员掌握。这一问题，有待于立法和司法机关加强调研，尽快从立法或司法解释方面加以明确。

2. 本罪的客观方面

（1）利用职务上的便利的认定。“利用职务上的便利”是职务侵占罪的构成要件，通常认为，职务侵占罪中的“利用职务上的便利”是指利用自己职务范围内的职权和地位所形成的有利条件，即经手、管理财物的便利条件。或指利用自己主管、管理、经手单位财物的便利条件。

有的学者表述为，指利用自己在授权或委任或基于契约而从事的岗位上的具有的主管、管理或者经手本单位财物便利条件。我们可以从以下两下方面来加以分析。

“利用职务上的便利”，包括利用自己主管、分管、经手、决定或处理、经办一定事项的权力；依靠、凭借自己的权力去指挥、影响下属或利用其他人员的职务、岗位有关的权限；依靠、凭借权限、地位去控制、左右其他人员，司法实务中，对是否包括公务和劳务之便分歧较大。

（2）对“职务”含义的正确理解。《现代汉语词典》中对“职务”的解释为“职位规定应该担任的工作”。而工作包括体力劳动和脑力劳动，因而职务的范畴应当包括公务和劳务。职务是一项工作，不能与“职权”画等号，职权是指职务范围内的权力。职务包括担当单位的管理职责和从事具体的业务活动。

从我国刑法对职务犯罪的规定来分析，1979 年刑法只规定了公务犯罪，即刑法中规定的利用职务上的便利而实施的犯罪如贪污罪、受贿罪等。都是国家工作人员利用从事公务活动的便利实施的犯罪。而 1997 年刑法不仅规定了国家工作人员利用职务上的便利实施的犯罪，也规定了许多非国家工作人员利用职务上的便利实施的犯罪如职务侵占罪、商业受贿罪等。

刑法规定的后一类犯罪如职务侵占罪，公司、企业和其他单位的人员，无论是实施的犯罪，严重侵犯了公司，企业等单位的合法权益，对公司企业等单位所造成的危害后果都是相同的。刑法并没有将二者仅因利用不同的职务便利而分别规定为两种不同的犯罪。因此，刑法规定的非国家工作人员利用职务上的便利实施的犯罪，包括了利用从事公务活动之便实施的犯罪和利用从事劳务活动之便实施的犯罪。

（3）从刑法对犯罪主体身份的规定来理解。职务侵占罪中，利用职务上的便利，究竟是利用从事公务活动之便，还是利用从事劳务活动之便，我们可以从刑法对该罪犯罪主体身份的规定来加以分析。

我国刑法凡是规定利用职务上的便利实施的犯罪，同时对其主体予以明确规定，其目的就在于明确规定该罪的构成要件，也为我们认定利用职务之便的含义提供法律依据。如刑法规定的贪污、受贿罪的实施是国家工作人员利用了从事公务活动的便利。刑法对职务侵占罪主体规定为公司、企业或其他单位的人员，而未明确是仅包括从事公务的人员如董事、经理、厂长等领导层人员，因而应该认为刑法对职务侵占罪的主体包括公司、企业或其他单位的职工，即同时包括管理人员和工作人员；其利用职务上的便利也应认为同时包括利用从事公务活动之便和利用从事劳务活动之便。

因此，结合刑法犯罪主体的规定，就能正确认定利用职务上便利究竟是否包括利用从事劳务活动之便。

（4）“利用职务上的便利”与利用职权的关系。职务侵占罪中“利用职务上的便利”是否一定要求行为人具有职权？对此，有观点认为答案是否定的，理由是职务侵占罪中“利用职务上的便利”指的是利用行为人主管、管理、经手单位财物的职责范围内的便利，与是否享有职权无关。

笔者认为，刑法规定中的“利用职务上的便利”均是以享有职权为前提的，没有职权就谈不上利用职务上的便利。根据上述司法解释的规定，贪污罪中“利用职务上的便利”是指利用职务上主管、管理、经手公共财物的权力及方便条件，受贿罪中“利用职务上的便利”是指利用本人职务范围内的权力，即自己职务上主管、负责或者承办某项公共事务的职权及其所形成的便利条件。这两条解释中均强调“利用职务上的便利”是利用了权力或职权，行为人根本就没有职权的，即使实施了侵吞公共财物或收受他人财物的行为，比如国有企业中生产线上的工人利用生产中经手产品的机会盗窃产品的，或者某领导的司机利用为领导开车之机为他人说情而收受他人财物的，均不构成贪污、受贿罪。

所以，可以理解为，在其他罪名中，“利用职务上的便利”均应要求具有职权的存在。当然，职权与任职是两个概念，具有职权不等于一定是领导。职权的核心是强调具有职务范围内对财物与事项的管理权力。生产线上的工人其职责仅仅是生产产品，不享有对财物进行管理、支配的职权，因此不能成为职务侵占罪的主体。

3. 本罪的犯罪主体

（1）职务侵占罪的犯罪主体是特殊主体。

《刑法》第二百七十一条第一款规定：“公司、企业或者其他单位的人员，利用职务上的便利，将本单位财物非法占为已有，数额较大，处五年以下有期徒刑或者是拘役；数额巨大的，处五年以上有期徒刑，可以并处没收财产。”职务侵占罪的犯罪主体是公司、企业或者其他单位的工作人员，而且是非国家工作人员，因而是特殊主体。具体而言，包括如下几方面：

①非国有公司、企业或者其他单位中的非国家工作人员，包括董事、监事、经理、负责人、职工利用职务之便非法占有本单位财物，数额较大的，他们或者有特定的职务，或者从事一定的工作，可以利用职务之便或工作之便侵占单位财物而成为本罪的犯罪主体。

②国家机关、国有公司、企业、事业单位中的非国家工作人员利用工作之便非法占有本单位财物，数额较大的，也应成为本罪的犯罪主体。司法实务中，对于公司、企业或者其他单位中不具有国家工作人员身份的一般

职员和工人，如果依法签订劳动合同确立劳动关系或者虽未签订劳动合同，但是否存在“事实劳动关系”的，包括合同工和临时工，可以成为本罪的犯罪主体。而仅以提供劳务获取报酬而没有确立劳动关系的从业人员，不是公司、企业或者其他组织的工作人员，不构成本罪的犯罪主体。

（2）正确区分“国家工作人员”和“非国家工作人员”。

《刑法》第二百七十一条第二款规定：“国有公司、企业或者其他国有单位中从事公务的人员和国有公司、企业或者其他国有单位委派到非国有公司、企业以及其他单位从事公务的人员有前款行为的，依照本法第三百八十二条、第三百八十三条的规定定罪处罚。”即以贪污罪处罚。“公司、企业或者其他单位人员”与“国家工作人员”是截然不同内容的两个概念，二者各自取得职业资格的法律依据、体现的法律关系都不相同。

因此，司法实务中，我们可以先界定行为人是否属于“国家工作人员”的范围。《刑法》第九十三条规定：“本法所称国家工作人员，是指国家机关从事公务的人员。国有公司、企业、事业单位、人民团体中从事公务的人员和国家机关、国有公司、企业、事业单位委派到非国有公司、企业、事业单位、社会团体从事公务的人员，以及其他依照法律从事公务的人员，以国家工作人员论。”如果行为不属《刑法》第九十三条规定的范围，就应界定为“非国家工作人员”。

（3）共同犯罪的定性问题。关于国家工作人员与公司、企业或者其他单位人员共同侵占单位财物如何定性处理。

学术界有多种观点，如“分别定罪说”“主犯决定说”“主犯决定与分别定罪说的折中说”“区别对待说”等等。归纳起来，可以划分为两种意见。

一种意见是按主犯的基本特征定性，如主犯具有国家工作人员身份，那么同案犯都应贪污罪；如主犯的身份是公司、企业或者其他单位的人员，那么具有国家工作人员身份的同案犯定侵占罪。

另一种意见认为，如果主犯的身份是公司、企业或者其他单位人员，那么全案都定侵占罪；如果主犯的身份是国家工作人员，应分别定罪，具有国家工作人员身份的定贪污罪，公司、企业或者其他单位的人员定侵占罪。

最高人民法院《关于审理贪污、职务侵占案件如何认定共同犯罪几个问题的解释》（法释［2000］15号，2000年7月8日起施行）明确了认定依据，即“行为人与国家工作人员勾结，利用国家工作人员的职务便利，共同侵吞、窃取、骗取或者以其他手段非法占有公共财物的，以贪污罪犯庭处。”“行为人与公司、企业或者其他单位的人员勾结，利用公司、企业或者其他单位人员的职务便利，共同将该单位财物非法占为己有，数额较大的，以职务侵占罪犯认处。”“公司、企业或者其他单位中，不具有国家工作人员身份的人与国家工作人员勾结，分别利用各自的职务便利，共同将本单位财物非法占为己有的，按照主犯的犯罪性质定罪。”

因此，在司法实务中，必须根据最高法院司法解释的规定，按照共同犯罪的共同故意、共同行为的要件，注意区分主犯与从犯，结合个案来正确定罪处罚。

（4）职务侵占罪的犯罪主体不包括单位。

《刑法》原则第五章规定的所有侵犯财产罪，均没有涉及其单位犯罪的问题。根据罪刑法定原则，职务侵占罪的犯罪主体是自然人，单位不构成本罪的主体。

| 量刑

犯本罪的，最高人民法院量刑指导意见（试行）规定：

（1）构成职务侵占罪的，可以根据下列不同情形在相应的幅度内确定量刑起点。

1）达到数额较大起点的，可以在三个月拘役至一年有期徒刑幅度内确定量刑起点。

2）达到数额巨大起点的，可以在五年至六年有期徒刑幅度内确定量刑起点。

（2）在量刑起点的基础上，可以根据职务侵占数额等其他影响犯罪构成的犯罪事实增加刑罚量，确定基准刑。

| 法条

（1）《刑法》第二百七十一条　公司、企业或者其他单位的人员，利用职务上的便利，将本单位财物非法占为己有，数额较大的，处5年以下有期徒刑或者拘役；数额巨大的，处五年以上的有期徒刑，可以并处没收财产。

国有公司、企业或者其他国有单位中从事公务的人员和国有公司、企业或者其他国有单位委派到非国有公司、企业以及其他单位从事公务的人员有前款行为的，依照本法第三百八十二条、第三百八十三条规定定罪处罚。

第一百八十三条第一款　保险公司的工作人员利用职务上的便利，故意编造未曾发生的保险事故进行虚假理赔，骗取保险金归自己所有的，依照本法第二百七十一条的规定定罪处罚。

（2）《公司法》第一百四十七条　董事、监事、高级管理人员应当遵守法律、行政法规和公司章程，对公司负有忠实义务和勤勉义务。

董事、监事和高级管理人员不得利用职权收受贿赂或者其他非法收入，不得侵占公司的财产。

第一百四十八条　董事、高级管理人员不得有下列行为：

（1）挪用公司资金；

（2）将公司资金以其个人名义或者以其他个人名义开立账户存储。

董事、高级管理人员违反前款规定所得的收入应当归公司所有。

（3）《合伙企业法》第六十八条　合伙人执行合伙企业事务中，将应当归合伙企业的利益据为已有的，或者采取其他手段侵占合伙企业财产的，责令将该利益和财产退还合伙企业；给合伙企业或者其他合伙人造成损失的，依法承担赔偿责任；构成犯罪的，依法追究刑事责任。

| 第二节 公司的钱就是我的钱，我用钱怎么会是犯罪呢

挪用资金罪

| 案例

王某自2013年10月～11月，利用自己担任聊城某物流有限公司董事长（大股东）的职务之便，直接从公司账户上转走168万元，给儿子买房、买车，后被其他股东发现而报警。案发后王某主动退还公司100万元。山东省聊城市东昌府区人民检察院以聊东昌检一部刑诉（2014）xx号起诉书指控被告人王某犯挪用资金罪，于2014年5月20日向法院提起公诉。

最终法院以挪用资金罪判处王某有期徒刑一年，缓刑两年，责令被告人王某归还公司剩余68万元。

| 法律小常识

| 定义

挪用资金罪是指公司、企业或者其他单位的工作人员利用职务上的便利，挪用本单位资金归个人使用或者借贷给他人，数额较大、超过三个月未还的，或者虽未超过三个月，但数额较大、进行营利活动的，或者进行非法活动的行为。

| 构成

1. 本罪的犯罪客体

本罪所侵害的客体是公司、企业或者其他单位资金的使用收益权，对象则是本单位的资金。所谓本单位的资金，是指由单位所有或实际控制使用的一切以货币形式表现出来的财产。

2. 本罪的客观方面

本罪在客观方面表现为行为人利用职务上的便利，挪用本单位资金归个人使用或者借贷给他人，数额较大、超过三个月未还的。挪用是指利用职务上的便利，非法擅自动用单位资金归本人或他人使用，但准备日后退换。

利用职务上的便利，是指利用本人在职务上主管、经管或经手单位资金的方便条件，例如单位领导人利用主管财务的职务，出纳员利用保管现金的职务，以及其他工作人员利用经手单位资金的便利条件。未利用职务上的便利，不可能挪用单位资金，也不可能构成挪用资金罪。

所谓挪用单位资金归个人适用或者借贷给他人使用，根据 2000 年 6 月 30 日最高人民法院《关于如何理解刑法第 272 条规定的“挪用单位资金归个人使用或借贷给他人”问题的批复》，挪用单位资金归个人使用或者借贷给他人使用，是指公司、企业或者其他单位的非国家工作人员，利用职务上的便利，挪用本单位资金归本人或者其他自然人使用，或者挪用人以个人名义将挪用的资金借给其他自然人和单位的行为。

根据 2010 年 5 月 7 日《最高人民检察院公安部关于公安机关管辖的刑

事案件立案追诉标准的规定（二）》第八十五条的规定，“归个人使用”，包括将本单位资金供本人、亲友或者其他自然人适用的，以个人名义将本单位资金供其他单位适用的，个人决定以单位名义将本单位资金供其他单位使用，谋取个人利益的。

具体地说，它包含以下三种行为：

（1）挪用本单位资金归个人使用或者借贷给他人，数额较大、超过三个月未还的。这是较轻的一种挪用行为。其构成特征是行为人利用职务上主管、经手本单位资金的便利条件而挪用本单位资金，具用途主要是归个人使用或者借贷给他人使用，但未用于从事不正当的经济活动，而且挪用数额较大，且时间上超过三个月而未还。根据最高人民法院《关于办理违反公司法受贿、侵占、挪用等刑事案件适用法律若干问题的解释》的规定，挪用本单位资金一万元至三万元以上的，为“数额较大”。

（2）挪用本单位资金归个人使用或者借贷给他人，虽未超过三个月，但数额较大，进行营利活动的。这种行为没有挪用时间是否超过三个月以及超过三个月是否退还的限制，只要数额较大，且进行营利活动。所谓“营利活动”主要是指进行经商、投资、购买股票或债券等活动。这里的“数额较大”，根据最高人民法院《关于办理违反公司法受贿、侵占、挪用等刑事案件适用法律若干问题的解释》的规定，是指挪用本单位资金五千元至二万元以上的。

（3）挪用本单位资金进行非法活动的。这种行为没有挪用时间是否超过三个月以及超过三个月是否退还的限制，也没有数额较大的限制，只要挪用本单位资金进行了非法活动，就构成了本罪。所谓“非法活动”。就是指将挪用来的资金用来进行走私、赌博等活动。

行为人只要具备上述三种行为中的一种就可以构成本罪，而不需要同时具备。上述挪用资金行为必须是利用职务上的便利，所谓利用职务上的便利，是指公司、企业或者其他单位中具有管理、经营或者经手财物职责的经理、厂长、财会人员、购销人员等，利用其具有的管理、调配、使用、经手本单位资金的便利条件，将资金挪作他用。

3. 本罪的犯罪主体

本罪的犯罪主体为特殊主体，即公司、企业或者其他单位的工作人员，具体包括三种不同身份的自然人。

（1）股份有限公司、有限责任公司的董事、监事。

（2）上述公司的工作人员。是指除公司董事、监事之外的经理、部门负责人和其他一般职工。上述的董事、监事和职工必须不具有国家工作人员身份。

（3）上述企业以外的企业或者其他单位的职工。包括集体性质的企业、私营企业、外商独资企业的职工，另外在国有公司、国有企业、中外合资、中外合作股份制公司、企业中不具有国家工作人员身份的所有其他职工以及受国家机关、国有公司、企业、事业单位、人民团体委托，管理、经营国有财产的非国家工作人员。具有国家工作人员身份的人，不能成为本罪的主体，只能成为挪用公款罪的主体。

4. 本罪的主观方面

本罪在主观方面只能出于故意，即行为人明知自己在挪用或借贷本单位资金，并且利用了职务上的便利，而仍故意为之。

| 认定

1. 本罪与非罪的界限

挪用本单位资金的行为，有一般的挪用本资金的违法违纪行为和挪用本单位资金的犯罪行为之分。区分二者之间的界限，我们认为，主要可以从以下两个方面确认：

（1）挪用本资金的数额。这是衡量挪用本单位资金行为的社会危害性的一个重要方面，对挪用单位资金罪中“数额较大，超过三个月未还的”“虽未超过三个月，但数额较大、进行营利活动的”这两种情形来说，“数额较大”是构成犯罪的必备要件。

因此，在这种情况下，是否达到“数额较大”，就成为区分一般的挪用本单位资金的违法违纪行为和挪用单位资金罪的重要标准之一。对挪用单位资金罪中“进行非法活动的”这种情况，虽然本法并未规定数额上的要求，但是从有关的司法解释的精神看，挪用数额很小，社会危害性不大的，并不作为犯罪，而只是作为一般的违法违纪行为处理。

（2）挪用本单位资金的时间。这是衡量挪用本单位资金行为的社会危害性的另一个重要方面。对本罪中“数额较大、超过三个月未还的”这种情况而言，“超过三个月未还”就是构成挪用资金罪的必备要件。在这种情况下，挪用本单位资金是否超过三个月未还就成为区分一般的挪用本单位资金的违法违纪行为和挪用资金罪的界限的重要标准之一。

对挪用资金罪中“虽未超过三个月，但数额较大、进行营利活动的”“进行非法活动的”这两种情况，虽然本法中并无时间长短的要求，但如果挪用的时间很短，造成的社会危害性不大，可以作为本法第13条规定的“情节显著轻微危害不大”的情况，不认为是犯罪，作为一般的挪用本单位资金的违法违纪行为处理。

2. 挪用资金罪与职务侵占罪的界限

（1）侵犯的客体和对象不同。挪用资金罪侵犯的客体是公司、企业或者其他单位的资金的使用权，对象是公司、企业或者其他单位的资金。

职务侵占罪侵犯的客体是公司、企业或者其他单位的资金的所有权，对象是公司、企业或者其他单位的财物，既包货币形态的资金和有价证券等，也包括实物形态的公司财产，如物资、设备等。

（2）客观表现不同。挪用资金罪表现为公司、企业或者其他单位的工作人员，利用职务上的便利，挪用本单位资金归个人使用或者借贷给他人，数额较大、超过三个月未还的，或者虽未超过三个月，但数额较大、进行营利活动的，或者进行非法活动的行为。

职务侵占罪表现为公司、企业或者其他单位的人员，利用职务上的便利，将本单位财物非法占为己有，数额较大的行为。

挪用资金罪的行为方式是挪用，即未经合法批准或许可而擅自挪归自己使用或者借贷给他人；职务侵占罪的行为方式是侵占，即行为人利用职务上的便利，侵吞、窃取、骗取或者以其他手段非法法占有本单位财物。

挪用本单位资金进行非法活动的，并不要求“数额较大”即可构成犯罪；职务侵占罪只有侵占本单位财物数额较大的，才能构成。

（3）主观不同。挪用资金罪行为人的目的在于非法取得本单位资金的使用权，但并不企图永久非法占有，而是准备用后归还；职务侵占罪的行为人的目的在于非法取得本单位财物的所有权，而并非暂时使用。

挪用本单位资金数额较大不退还的，这里所说的不退还是指在挪用本单位资金案发后，人民检察院起诉前不退还。一般认为，在实际生活中，挪用本单位资金不退还的，分为两种情况：一种是主观上想退还，但客观无能力退还，另一种是客观上虽有能力退还，但主观已发生变化，先前的挪用本单位资金的故意已经转化为侵占该资金的故意。

在司法实践中，如果行为人在挪用本单位资金后，确属犯罪故意发生转变，不再想退还，而是企图永久非法占为已有，在客观上有能力退还而不退还的，因为属于刑法中的转化犯，仍应根据处理转化犯的原则，直接以职务侵占罪定罪处罚。

3. 挪用资金罪与挪用公款罪的界限

根据刑法第三百八十四条的规定，挪用公款罪是指国家工作人员利用职务上的便利，挪用公款归个人使用，进行非法活动的，或者挪用公款数额较大、进行营利活动的，或者挪用公款数额较大、超过三个月未还的行为、挪用资金罪与挪用公款罪在客观上都表现为利用职务上的便利挪用资金的行为，在主观上都是挪用的故意，有时犯罪对象也可能都是公司、企业或者其他单位的资金。但是，这两种犯罪也有以下主要区别：

（1）侵犯的客体和犯罪对象不同。挪用资金罪侵犯的客体是公司、企业或者其他单位的资金的使用权，对象是公司、企业或者其他单位的资金，其中，既包括国有或者集体所有的资金，也包括公民个人所有、外商所有的资金。

挪用公款罪侵犯的客体是公款的使用权和国家机关的威信、国家机关的正常活动等，既有侵犯财产的性质，又有严重的渎职的性质，因此，本法将挪用公款罪规定本法分则第八章的贪污贿赂罪专章中，而不是“侵犯财产罪”专章中。挪用公款罪侵犯的对象限于公款，其中主要是国有财产和国家投资、参股的单位财产，即国家机关、国有公司、企业、事业单位等所有的款项。

挪用公款罪和挪用资金罪侵犯的对象不同，客体不同，社会危害性程度也有较大的差别。刑法第三百八十四条规定的挪用公款罪在客观上的三种不同情形的排列顺序，与本条第 1 款规定的挪用资金罪在客观上的三种不同情形的排列顺序不同，也说明立法者对这两种犯罪打击的重点的不同。在处罚上挪用公款罪也比挪用资金罪严厉得多。

（2）犯罪主体不同。挪用资金罪的主体是公司、企业或者其他单位的工作人员，但国家工作人员除外。

挪用公款罪的主体是国家工作人员，包括国家机关中从事公务的人员，国有公司、企业事业单位、人民团体中从事公务的人员，国家机关、国有公司、企业事业单位委派到非国有公司、企业、事业单位、社会团体从事公务的人员，以及其他依照法律从事公务的人员。因此，本条第2款明确规定，国有公司、企业或者其他国有单位中从事公务的人员和国有公司、企业或者其他国有单位委派到非国有公司、企业以及其他单位从事公务的人员，利有职务上的便利，挪用本单位资金的，依照本法典第三百八十四条关于挪用公款罪的规定定罪处罚。

4. 挪用资金罪与挪用特定款物罪的界限

根据刑法第二百七十三条规定，挪用特定款物罪是指挪用用于救灾、抢险、防汛、优抚、扶贫、移民、救济款物，情节严重，致使国家和人民群众利益遭受重大损害的行为。

挪用资金罪和挪用特定款物罪都是挪用性质的犯罪，有以下明显的区别：

（1）侵犯的客体和对象不同。挪用资金罪侵犯的客体是公司、企业或者其他单位的资金的使用权，对象是公司、企业或者其他单位的资金。

挪用特定款物罪侵犯的客体是国家对用于救灾、抢险、防汛、优扰、扶贫、移民、救济款物专款专用的财经管理制度和公共财物的使用权，对象是用于救灾、抢险、防汛、优抚、扶贫、移民、救济的特定物款，既包括用于上述用途的由国家预算安排的民政事业经费，也包括临时调拨的专款物，还包括其他由国家、集体或者人民群众募捐的用于上述用途的特定款物等。

（2）在客观上的表现不同。挪用资金罪表现为，公司、企业或者其他单位的工作人员，利用职务上的便利，挪用本单位资金归个人使用或者借贷给他人，数额较大、超过三个月未还的，或者虽未超过三个月，但数额较大、进行营利活动的，或者进行非法活动的行为。

挪用特定款物罪表现为，挪用用于救灾、抢险、防汛、优抚、扶贫、移民、救济款物，情节严重，致使国家和人民群众利益遭受重大损害的行为。挪用资金罪中行为人挪用的资金，可以归个人使用，也可以借贷给他人，挪用特定款物罪是行为人未经合法批准，利用特定的职权，将特定款物非法调拨、使用于其他方面，如修建楼堂馆所、购买小汽车及办公设备，进行生产、经营性的投资等，不能用于个人。国家工作人员挪用前述特定款物归个人使用的，以挪用公款罪从重处罚。

（3）犯罪主体不同。挪用单位资金罪的主体是公司、企业或者其他单位的工作人员，不包括国家工作人员。

挪用特定款物罪的主体是在国家机关等单位支配、管理特定款物的主管人员等直接责任人员。

（4）主观上不同。挪用资金罪中行为人的故意内容是，明知是其所在的公司、企业或者其他单位的资金，意图利用职务上的便利，挪归个人使用或者借贷给他人。

挪用特定款物罪中行为人的故意内容是：明知是用于救灾、抢险、防汛、优抚、扶贫、移民、救济款物专用，却挪作他用。

| 量刑及法条

第二百七十二条　公司、企业或者其他单位的工作人员，利用职务上的便利，挪用本单位资金归个人使用或者借贷给他人，数额较大、超过三个月未还的，或者虽未超过三个月，但数额较大、进行营利活动的，或者进行非法活动的，处三年以下的有期徒刑或者拘役；挪用本单位资金数额巨大的，或者数额较大不退还的，处三年以上十年以下有期徒刑。

国有公司、企业或者其他国有单位中从事公务的人员和国有公司、企业或者其他国有单位委派到非国有公司、企业以及其他单位从事公务的人员有前款行为的，依照本法第三百八十四条的规定定罪处罚。

犯有挪用资金罪的，处三年以下有期徒刑，拘役或者罚金。情节严重的，处三年以上十年以下有期徒刑。

| 第三节 不是不支付劳动报酬，是对工资数额未达成一致

拒不支付劳动报酬罪

| 案例

2015 年 10 月，被告人何某借用山东 XX 集团有限公司的资质，承建石家庄某化肥有限公司 150 吨锅炉房土建工程。工程完工后，石家庄某化肥有限公司通过山东 XX 集团有限公司将全部工程款 1500 多万元支付给了何某，何某欠 19 名工人工资二十四万元未支付。

2019 年 5 月 31 日，平山县劳动监察大队给何某下发了劳动保障监察责令限期改正通知书，责令其在 2019 年 6 月 10 日之前支付拖欠的 19 名工人工资二十四万元。何某以工资未计算准确为由，一直未支付。直到 2019 年 9 月，何某的妻子替其支付全部工人工资。

平山县人民检察院以平检公诉刑诉［2020］XX 号起诉书指控被告人何某犯拒不支付劳动报酬罪，于 2020 年 6 月向法院提起公诉。

最终法院认为，被告人何某构成拒不支付劳动报酬罪。公诉机关的指控成立。被告人何某到案后能如实供述自己的罪行，愿意接受处罚，其家属已将所欠工人工资支付，对其可以从轻处罚。判决被告人何某犯拒不支付劳动报酬罪，判处罚金人民币一万元。

法律小常识

定义

拒不支付劳动报酬罪，是指以转移财产、逃匿等方法逃避支付劳动者的劳动报酬或者有能力支付而不支付劳动者的劳动报酬，数额较大，经政府有关部门责令支付仍不支付的行为。

构成

1. 本罪的犯罪客体

本罪犯罪客体是双重客体，既侵犯劳动者的财产权，又妨碍了正常的劳动用工关系，侵犯了社会主义市场经济秩序。

2. 本罪的客观方面

本罪在犯罪客观方面表现为既有危害行为又有危害结果，且两者间有刑法上的因果关系。

（1）以转移财产、逃匿等方法逃避支付劳动者的劳动报酬或者有能力支付而不支付劳动者的劳动报酬。有下列情形之一的，应认定。

1）实施了转移财产、逃匿等方法逃避支付劳动者的劳动报酬的行为。

2）有能力支付而不支付劳动者的劳动报酬。即企业的银行存款足够支付劳动者的劳动报酬，而不作为，导致劳动者没有按合同或法定应获得劳动报酬的时限。如实行月工资制的，超过 20 天仍不发放工资的，即构成“不支付”。

（2）数额较大。法律没有明文规定构成的绝对值范围，应比照职务侵占罪的入刑标准，即逃避或不支付劳动者的劳动报酬在五千元至一万元以上，构成“数额较大”，应予追诉。

（3）经政府有关部门责令支付仍不支付的。

3. 本罪的犯罪主体

本罪犯罪主体为一般主体，即企业和自然人。

4. 本罪的主观方面

本罪在主观方面表现为故意，包括直接故意和间接故意。即主观上明知自己的“不支付劳动者劳动报酬”的这种不作为行为会产生劳动者不能及时实际得到劳动报酬的社会危害后果，却希望或放任这种后果发生。应认定为故意的几种情况：

（1）明确表示拒不作为的。即明确拒绝支付劳动者劳动报酬的，应当然地认定为故意。包括无正当理由拖欠，不论是否以非法占有为目的。

（2）虽表示应支付，但主动实施作为，为不支付找借口的，应认定故意。如无正当理由转移财产，造成无支付能力假象的；用人单位主要负责人或指使发放劳动者劳动报酬的工作人员逃匿，造成无法支付假象的；或非法克扣工资或罚款的。

| 认定

应认定为故意的几种情况。

1. 明确表示拒不作为的

即明确拒绝支付劳动者劳动报酬的，应当然地认定为故意，包括无正当理由拖欠，不论是否以非法占有为目的。

2. 虽表示应支付，但未实施作为，为不支付找借口的，应认定故意

如无正当理由转移财产，造成无支付能力假象的；用人单位主要负责人或指使发放劳动者劳动报酬的工作人员逃匿，造成无法支付假象的。

3. 非法克扣工资或罚款的

经人力资源社会保障部门或者政府其他有关部门依法以限期整改指令书、行政处理决定书等文书责令支付劳动者的劳动报酬后，在指定的期限内仍不支付的，应当认定为刑法第二百七十六条之一第一款规定的“经政府有关部门责令支付仍不支付”，但有证据证明行为人有正当理由未知悉责令支付或者未及时支付劳动报酬的除外。主要包括以下情形：

（1）劳动行政部门即各级劳动监察大队已向用人单位送达《行政处罚决定书》，责令用人单位限期支付劳动者劳动报酬。

（2）各级信访机关已向用人单位送达批转文件，责令用人单位限期支付劳动者劳动报酬。

《劳动合同法》第八十五条规定：用人单位有下列情形之一的，由劳动

行政部门责令限期支付劳动报酬、加班费或者经济补偿；劳动报酬低于当地最低工资标准的，应当支付其差额部分；逾期不支付的，责令用人单位按应付金额百分之五十以上百分之一百以下的标准向劳动者加付赔偿金：

①未按照劳动合同约定或者国家规定及时足额支付劳动者劳动报酬的；

②低于当地最低工资标准支付劳动者工资的；

③安排加班不支付加班费的；

④解除或者终止劳动合同，未依照本法规定向劳动者支付经济补偿的。

| 量刑及法条

刑法第二百七十六条之一规定：以转移财产、逃匿等方法逃避支付劳动者的劳动报酬或者有能力支付而不支付劳动者的劳动报酬，数额较大，经政府有关部门责令支付仍不支付的，处三年以下有期徒刑或者拘役，并处或者单处罚金；造成严重后果的，处三年以上七年以下有期徒刑，并处罚金。

单位犯前款罪的，对单位判处罚金，并对其直接负责的主管人员和其他直接责任人员，依照前款的规定处罚。

有前两款行为，尚未造成严重后果，在提起公诉前支付劳动者的劳动报酬，并依法承担相应赔偿责任的，可以减轻或者免除处罚。

最高人民法院对外发布了《关于审理拒不支付劳动报酬刑事案件适用法律若干问题的解释》，针对拒不支付劳动报酬罪所涉及的术语界定、定罪量刑标准、单位犯罪等问题，进一步明确了相关刑事案件的法律适用标准。

第八章 贪污贿赂罪

| 第一节 我就是想认识一下领导，多个朋友多条路

行贿罪

| 案例

2017 年 8 月，山东潍坊某建筑企业法定代表人李某，接到一个来电，吓得出了一身冷汗。电话那头：“我是潍坊某市检察院公诉科路某，您是某公司李某吗？是这样的，国土局刘某您认识吗？请您于明天上午九点到某检察院公诉科，有几个问题想跟您核实一下。”

放下电话后，李某久久不能平息，心都跳到了嗓子眼上，他在努力回想自己跟刘某的来往场景，既然是检察院来了电话，刘某又是公务人员，肯定是犯了事情了，但是他一直没想起是什么事情。

第二天上午，为防被检察院扣留，李某跟公司法律顾问一起去了。经过询问了解到，刘某因涉嫌受贿罪被审查。当他被问到是否曾安排刘某的妻子在李某公司吃空饷时，李某才恍然大悟，他顿时手足无措。

因李某未对刘某做出违背法律规定的非法利益要求，只是想多个熟人关系，社会危害性较小，未被追责。因受贿对象被追责而引出的行贿人追责的案例比比皆是，不要被社会上宣传的行贿人不追责所误导，行贿受贿均会被追责。

法律小常识

定义

为谋取不正当利益，给予国家工作人员以财务的，是行贿罪。在经济往来中，违反国家规定，给予国家工作人员以财务，数额较大的，或者违反国家规定，给予国家工作人员以各种名义回扣、手续费的，以行贿论处。

构成

1. 本罪的犯罪客体

国家机关的正常管理和公职人员的职务行为的不可收买性。

2. 本罪的客观方面

客观上实施了以金钱、贵重物品、满足各种私欲等贿赂收买国家工作人员或其他从事公务的人员的行为。

3. 本罪的犯罪主体

一般主体，即行为人达到法定刑事责任年龄、具备刑事责任能力。

4. 本罪的犯罪主体

行为人主观上出于故意，目的是利用国家工作人员、集体经济组织工作人员或者其他从事公务的人员职务上的便利为自己谋取私利。

| 认定

因被勒索给予国家工作人员以财物，没有获得不正当利益的，不以行贿罪论处。谋取不正当利益，根据 1999 年 3 月 4 日最高人民法院、最高人民检察院《关于在办理受贿犯罪大要案的同时要严肃查处严重行贿犯罪分子的通知》的规定，是指谋取违反法律、法规、国家政策和国务院各部门规章规定的利益，以及要求国家工作人员提供违反法律、法规、国家政策和国务院各部门规章规定的帮助或者便利条件。

根据这一司法解释的规定，不正当利益不仅指获得的利益本身不正当，而且要求国家工作人员违反法律、法规、规章规定而谋取的不确定利益，也属于不正当利益。这里所谓的不确定利益，是指需要通过竞争获得的利益。在这种情况下，利益是否正当取决于程序是否正当。因此，要求国家工作人员违反程序获取这种利益，就是一种不正当利益。

行贿目的主要可以分为三类。

第一类是有资格得到、应该得到的合法的利益，如果不行贿就得不到，或被拖延、被克扣；第二类是没有资格得到、不应该得到的非法利益，如果行贿就能够得到，或能够变相地得到；第三类是介于两者之间，如果行贿就能够得到，或更快、更多地得到，如果不行贿就得不到，或得到的慢、得到的少。

不管是哪一类，控制权和主动权都掌握在受贿的一方。从解决问题的源头追溯，制度设计必须着眼于制造贿赂机会的受贿方。

量刑及法条

第三百八十九条　为谋取不正当利益，给予国家工作人员以财物的，是行贿罪。

在经济往来中，违反国家规定，给予国家工作人员以财物，数额较大的，或者违反国家规定，给予国家工作人员以各种名义的回扣、手续费的，以行贿论处。

因被勒索给予国家工作人员以财物，没有获得不正当利益的，不是行贿。

第三百九十条　对犯行贿罪的，处五年以下有期徒刑或者拘役，并处罚金；因行贿谋取不正当利益，情节严重的，或者使国家利益遭受重大损失的，处五年以上十年以下有期徒刑，并处罚金；情节特别严重的，或者使国家利益遭受特别重大损失的，处十年以上有期徒刑或者无期徒刑，并处罚金或者没收财产。

行贿人在被追诉前主动交代行贿行为的，可以从轻或者减轻处罚。其中，犯罪较轻的，对侦破重大案件起关键作用的，或者有重大立功表现的，可以减轻或者免除处罚。

第三百九十条之一　为谋取不正当利益，向国家工作人员的近亲属或者其他与该国家工作人员关系密切的人，或者向离职的国家工作人员或者其近亲属以及其他与其关系密切的人行贿的，处三年以下有期徒刑或者拘役，并处罚金；情节严重的，或者使国家利益遭受重大损失的，处三年以上七年以下有期徒刑，并处罚金；情节特别严重的，或者使国家利益遭受特别重大损失的，处七年以上十年以下有期徒刑，并处罚金。

单位犯前款罪的，对单位判处罚金，并对其直接负责的主管人员和其他直接责任人员，处三年以下有期徒刑或者拘役，并处罚金。

第三百九十三条　单位为谋取不正当利益而行贿，或者违反国家规定，给予国家工作人员以回扣、手续费，情节严重的，对单位判处罚金，并对其直接负责的主管人员和其他直接责任人员，处五年以下有期徒刑或者拘役，并处罚金。因行贿取得的违法所得归个人所有的，依照本法第三百八十九条、第三百九十条的规定定罪处罚。

第九十三条　本法所称国家工作人员，是指国家机关中从事公务的人员。国有公司、企业、事业单位、人民团体中从事公务的人员和国家机关、国有公司、企业、事业单位委派到非国有公司、企业、事业单位、社会团体从事公务的人员，以及其他依照法律从事公务的人员，以国家工作人员论。

最高人民法院、最高人民检察院关于办理贪污贿赂刑事案件适用法律若干问题的解释是这样的（2016 年 3 月 28 日由最高人民法院审判委员会第 1680 次会议、2016 年 3 月 25 日由最高人民检察院第十二届检察委员会第 50 次会议通过，自 2016 年 4 月 18 日起施行）：

第七条　为谋取不正当利益，向国家工作人员行贿，数额在三万元以上的，应当依照刑法第三百九十条的规定以行贿罪追究刑事责任。

行贿数额在一万元以上不满三万元，具有下列情形之一的，应当依照刑法第三百九十条的规定以行贿罪追究刑事责任：

（1）向三人以上行贿的；

（2）将违法所得用于行贿的；

（3）通过行贿谋取职务提拔、调整的；

（4）向负有食品、药品、安全生产、环境保护等监督管理职责的国家工作人员行贿，实施非法活动的；

（5）向司法工作人员行贿，影响司法公正的；

（6）造成经济损失数额在五十万元以上不满一百万元的。

第八条　犯行贿罪，具有下列情形之一的，应当认定为刑法第三百九十条第一款规定的“情节严重”：

（1）行贿数额在一百万元以上不满五百万元的；

（2）行贿数额在五十万元以上不满一百万元，并具有本解释第七条第二款第一项至第五项规定的情形之一的；

（3）其他严重的情节。

为谋取不正当利益，向国家工作人员行贿，造成经济损失数额在一百万元以上不满五百万元的，应当认定为刑法第三百九十条第一款规定的“使国家利益遭受重大损失”。

第九条　犯行贿罪，具有下列情形之一的，应当认定为刑法第三百九十条第一款规定的“情节特别严重”：

（1）行贿数额在五百万元以上的；

（2）行贿数额在二百五十万元以上不满五百万元，并具有本解释第七条第二款第一项至第五项规定的情形之一的；

（3）其他特别严重的情节。

为谋取不正当利益，向国家工作人员行贿，造成经济损失数额在五百万元以上的，应当认定为刑法第三百九十条第一款规定的“使国家利益遭受特别重大损失”。

第十条　刑法第三百八十八条之一规定的利用影响力受贿罪的定罪量刑适用标准，参照本解释关于受贿罪的规定执行。

刑法第三百九十条之一规定的对有影响力的人行贿罪的定罪量刑适用标准，参照本解释关于行贿罪的规定执行。

单位对有影响力的人行贿数额在二十万元以上的，应当依照刑法第三百九十条之一的规定以对有影响力的人行贿罪追究刑事责任。

第二节 领导先向我借钱，到办业务时我找领导帮忙

单位行贿罪

案例

2018年，国务院决定开展第四次全国经济普查（以下简称四经普）工作，广州某区辖区有关工作由经科办统筹负责，犯罪嫌疑人梁某1时任经科办主任。

2018年6月，被告人廖某经朋友介绍认识犯罪嫌疑人梁某1。为让被告单位某公司承接上述经济普查外包服务项目，被告人廖某到犯罪嫌疑人梁某1办公室，请托犯罪嫌疑人梁某1帮忙，犯罪嫌疑人梁某1答应帮其中标该项目。

为确保被告单位某公司中标，经科办在拟定项目需求方案和招标文件的过程中，犯罪嫌疑人梁某1让被告人廖某的公司制作了为该公司量身定做的项目需求方案和招标文件，并指示经科办工作人员周某直接采用，作为需求方案和招标文件上报至采购中心。

2018年9月，经区政府采购中心（区公共资源交易中心）公开招标，被告单位公司综合得分92.235分，名列第一，顺利中标“四经普”外包服务项目，并与某街道办事处签订了《第四次全国经济普查外包服务采购合同》，合同标的金额人民币977.97255万元。

此后，在犯罪嫌疑人梁某1的帮助下，被告单位公司于2018年9月、2018年11月、2019年1月，已分3次收到办拨付的项目进度款合计人民币948.633373万元，剩余3%尾款待2020年拨付。

2018年10月，犯罪嫌疑人梁某1以急需资金周转为由，向被告人廖某索要人民币二十万元周转，被告人廖某为表示感谢即应允。

随后，被告人廖某安排被告公司财务人员从被告公司取现人民币二十万元，装在一个白色帆布袋中，由被告人廖某在办停车场将现金人民币二十万元送给犯罪嫌疑人梁某1。犯罪嫌疑人梁某1当场收下。

广东某区人民检察院以XX检刑诉[2020]381号起诉书指控被告单位、被告人廖某犯单位行贿罪，于2020年4月10日向法院提起公诉。

检察院指控被告人廖某为让被告单位中标“四经普”外包服务项目，向犯罪嫌疑人梁某1（另案处理）行贿人民币二十万元。

最终法院以单位行贿罪依法追究了被告廖某单位以及廖某的刑事责任。判处单位罚金，判处廖某有期徒刑并处以罚金；并没收廖某违法所得。

| 法律小常识

| 定义

单位行贿罪的主体是单位，是指单位为谋取不正当利益而行贿，或者违反国家规定，给予国家工作人员以回扣、手续费，情节严重的行为。单位行贿罪的主体是单位，所谓“单位”，包括公司、企业、事业单位、机关、团体。与单位受贿罪不同，并不仅仅局限于国有公司、企业、事业单位、机关、团体，还包括集体所有制企业、中外合作企业、有限公司、外资公司和私营公司等。单位行贿罪在主观方面表现为直接故意。

构成

1. 本罪的犯罪客体

单位行贿罪侵犯的客体，主要是国家机关、公司、企业、事业单位和团体的正常管理活动和职能活动及声誉。

该罪的犯罪对象是财物。该财物一般是公司、企业、事业单位、机关、团体的财物，而非某个人的财物。同时，也包括一些具有财产性质的利益，如国内外旅游等。

2. 本罪的客观方面

单位行贿罪在客观方面表现为公司、企业、事业单位、机关和团体。为了谋取不正当利益，给予国家工作人员以财物，数额较大的，或者违反国家规定，给予上述人员以“回扣”“手续费”等情节严重的行为。

3. 本罪的犯罪主体

单位行贿罪的主体是单位，所谓“单位”，包括公司、企业、事业单位、机关、团体。与单位受贿罪不同，并不仅仅局限于国有公司、企业、事业单位、机关、团体，还包括集体所有制企业、中外合作企业、有限公司、外资公司和私营公司等。

4. 本罪的主观方面

本罪在主观方面表现为直接故意。

| 认定

根据1990年9月16日最高人民检察院发布施行的《关于人民检察院直接受理立案侦查案件立案标准的规定》（试行）规定，涉嫌下列情形之一的，应予立案调查。

（1）单位行贿数额在二十万元以上的；

（2）单位为谋取不正当利益而行贿，数额在十万元以上不满二十万元，但具有下列情形之一的：

1）为谋取非法利益而行贿的：

2）向三人以上行贿的；

3）向党政领导、司法工作人员、行政执法人员行贿的；

4）致使国家或者社会利益遭受重大损失的。

因行贿取得的违法所得归个人所有的，依照本规定关于个人行贿的规定立案，追究其刑事责任。

| 主要特征

1. 单位行贿罪的犯罪主体必须是单位

这里所讲的单位，根据《刑法》第30条的规定，应指公司、企业、事业单位、机关、团体。而根据最高人民法院《关于审理单位犯罪案件具体应用法律有关问题的解释》的规定：“公司、企业、事业单位”，既包括国有、集体所有的公司、企业、事业单位，也包括依法设立的合资经营、合作经营企业和具有法人资格的独资、私营等公司、企业、事业单位。

在单位行贿罪中，还存在单位内部机构行贿犯罪的可能性。所谓单位内部机构是相对于单位整体而言的，是指法人的分支机构，单位内设的科、室、部等下属小单位。单位内部机构可以成为单位行贿罪的犯罪主体，其犯罪行为应按单位犯罪惩处，主要理由如下：

（1）由于财务管理的不健全，各单位内部机构存在的“小金库”是产生行贿犯罪的物质基础，而这些内部机构为谋取本“小集团”的局部利益，又是产生行贿犯罪的动因。因而，为本内部机构谋取不正当利益，经集体决定或由其负责人决定实施的内部机构的行贿犯罪，其行为符合单位行贿犯罪的特征，实质仍属单位行贿罪。

（2）《刑法》之所以规定单位犯罪而没有采用“法人犯罪”的称谓，正是考虑到中国大量不具有法人资格的非法人组织犯罪的存在，其中包括行贿犯罪。使用单位犯罪这一处延比较宽泛的概念可以防止犯罪主体的缺漏。

（3）单位行贿犯罪并不指单位中的每个部门都行贿，因此，对单位内部机构的行贿犯罪，在前面仍冠以单位名称作为被告人，不会株连无辜。

2. 单位行贿罪在客观方面表现为直接负责的主管人员或直接责任人员根据本单位的意志以单位名义实施的行贿行为

具体包括以下两种情形：① 为谋取不正当利益而行贿；② 违反国家规定，给予国家工作人员以回扣、手续费。

司法实践中常见的单位行贿行为主要有：① 经单位研究决定的由有关人员实施的行贿行为；② 经单位主管人员批准，由有关人员实施的行贿行为；③ 单位主管人员以法定代表人的身份实施的行贿行为。需要指出的是，根据《刑法》的有关规定，行贿行为的违法所得必须归单位所有，如果归个人所有，应以自然人的行贿罪论处。

最高人民法院《关于审理单位犯罪案件具体应用法律有关问题的解释》第二条、第三条分别规定：个人为进行违法犯罪活动而设立的公司、企业、事业单位实施犯罪的，或者公司、企业、事业单位设立后，以实施犯罪为主要活动的，不以单位犯罪论处；盗用单位名义实施犯罪，违法所得由实施犯罪的个人私分的，依照刑法有关自然人犯罪的规定定罪处罚。

3. 单位行贿罪在主观方面只能是直接故意，并且具有为本单位谋取不正当利益的目的

对上述见解，有人认为未免失之偏颇，他们认为《刑法》第三百九十三条将单位行贿罪分为两种情形：一种是单位为谋取不正当利益而行贿的；另一种是单位违反国家规定，给予国家工作人员以回扣、手续费，即准行贿行为。对前一种情形，已明确规定为单位“谋取不正当利益”这一要件。而对后一种情形，则不需要为单位“谋取不正当利益”这一要件。

他们认为，如果对第二种情形也必须具备为单位“谋取不正当利益”这一要件，势必放纵单位行贿犯罪的发生，甚至有人认为，这势必形成谋取正当利益而行贿应受法律保护的推断。因而建议，无论谋取什么样的利益，只要给予国家工作人员以财物，所取得或可能取得的利益是通过国家工作人员的职权所完成的，即构成行贿犯罪。

我认为，持该种见解的人割裂了“谋取不正当利益”与“违反国家规定”之间应有的联系，这就是对于谋取自身应得利益，如果是通过违反国家规定的形式或手段获得，因该形式与手段的非法性，实质上已转化为“谋取不正当利益”。

“两高”于 1999 年 3 月 4 日《关于在办理受贿犯罪大要案的同时严肃查处严重行贿犯罪分子的通知》中对“谋取不正当利益”做了如下解释：“谋取不正当利益”是指谋取违反法律、法规、国家政策和国务院各部门规章规定的利益，以及要求国家工作人员或者有关单位提供违反法律、法规、国家政策和国务院各部门规章规定的帮助或者方便条件。

这句话的前半段是指典型的不正当利益，而后半段则是由合法利益因其使用的手段或采取的形式的非法而转化为“不正当利益”。持否定“不正当利益”为单位行贿罪必备构成要件的人，其目的是出于打击受贿犯罪的需要，他们认为受贿与行贿是一对导致腐败的孪生兄弟，受贿必须严惩，行贿岂能宽恕，因而力主取消“谋取不正当利益”这一构成要件。

显然，这已超出了“两高”司法解释的权限，只能由立法机关根据反腐败斗争的需要对刑法的有关规定做适当修改。在当前的法律条件下，应严格按照《刑法》的罪刑法定原则，以“谋取不正当利益”作为单位行贿罪的构成要件，严惩此类犯罪，对于某些单位因被勒索而给予国家工作人员以财物，没有获得不正当利益的，不能认定为行贿犯罪。

4. 单位行贿罪的犯罪对象只能是国家工作人员

单位行贿罪的犯罪对象能否包括国有单位，对此问题，一些书里认为，本罪的犯罪对象既包括国家工作人员，也包括国有单位，其理由是定义单位行贿罪的《刑法》第 393 条将此罪规定为两种情形，其前一种情形“单位为谋取不正当利益而行贿”中的行贿对象未指明是国有单位或国家工作人员，故将二者全部包括进去。笔者认为，这种认识是错误的，单位行贿罪的犯罪对象只能是国家工作人员。理由包括以下几个方面。

（1）研究一种具体犯罪的概念及其构成，不能仅根据《刑法》的一、二条法律条文来考究，而应结合同一类犯罪甚至整部《刑法》加以分析，就行贿这类犯罪行为而言，在刑法第八章《贪污贿赂罪》中规定了四种行为：①自然人对国家工作人员的行贿；②自然人对国有单位的行贿；③单位对国有单位的行贿；④单位对国家工作人员的行贿。

而“两高”分别就《刑法》的罪名的确定问题的有关司法解释，都将第一种情形，即自然人对国家工作人员的行贿犯罪确定为“行贿罪”；对第二、三种情形，即自然人或单位对国有单位的行贿犯罪定义为“对单位行贿罪”；而对第四种情形，即单位对国家工作人员的行贿犯罪规定为“单位行贿罪”。若将单位也列为“单位行贿罪”的犯罪对象，势必造成“单位行贿罪”和“对单位行贿罪”这两种犯罪在犯罪对象上相互包容，这是不符合逻辑的。

（2）认定单位行贿罪的犯罪对象包括国有单位，势必造成在单位对国有单位的行贿犯罪行为的定罪量刑上产生分歧，给公正执法带来负面影响。

如果按照上述观点，单位为谋取不正当利益而给予国有单位，即国家机关、国有公司、企业、事业单位、人民团体以财物的行贿行为，既可构成“对单位行贿罪”，也可构成“单位行贿罪”。而这两罪在量刑方面明显不同。根据《刑法》的第三百九十一条及第三百九十三条规定，“对单位行贿罪”的法定最高刑为三年有期徒刑，而“单位行贿罪”的法定最高刑为五年有期徒刑。

上述对同一具体行为在定罪与量刑上存在的双重标准，显然已违反了刑法总则所确定的罪刑法定原则。所以，“单位行贿罪”的犯罪对象只能是国家工作人员。

5. 构成单位行贿罪必须具备“情节严重”

“情节严重”是构成单位行贿罪的必要条件之一，也是与行贿罪、对单位行贿罪相区别的一个重要标志。至于如何认定该罪的“情节严重”，则应从主、客观两方面，即主观上的罪过程度与客观上造成的社会危害程度来确定，具有下列情形之一的应视为“情节严重”。

（1）行贿数额大。根据最高人民检察院《关于人民检察院直接受理立案侦查案件立案标准的规定（试行）》中的有关规定，单位行贿数额在二十万元以上的，应予立案。

（2）具有其他严重情节。根据最高人民检察院在上述司法解释中所做的解释，单位为谋取不正当利益而行贿，数额在十万万元以上不满二十万元，但具有下列情形之一的，应同样予以立案：① 为谋取非法利益而行贿的；② 向3人以上行贿的；③ 向党政领导、司法工作人员、行政执法人员行贿的；④ 致使国家或者社会利益遭受重大损失的。

| 量刑及法条

刑法 第三百八十九条　为谋取不正当利益，给予国家工作人员财物的，是行贿罪。

在经济往来中，违反国家规定，给予国家工作人员以财物，数额较大的，或者违反国家规定，给予国家工作人员以各种名义的回扣、手续费的，以行贿论处。

因被勒索给予国家工作人员以财物，没有获得不正当利益的，不是行贿。

第三百九十条 对犯行贿罪的，处五年以下有期徒刑或者拘役，并处罚金；因行贿谋取不正当利益，情节严重的，或者使国家利益遭受重大损失的，处五年以上十年以下有期徒刑，并处罚金；情节特别严重的，或者使国家利益遭受特别重大损失的，处十年以上有期徒刑或者无期徒刑，并处罚金或者没收财产。

行贿人在被追诉前主动交代行贿行为的，可以从轻或者减轻处罚。其中，犯罪较轻的，对侦破重大案件起关键作用的，或者有重大立功表现的，可以减轻或者免除处罚。

第三百九十条之一　为谋取不正当利益，向国家工作人员的近亲属或者其他与该国家工作人员关系密切的人，或者向离职的国家工作人员或者其近亲属以及其他与其关系密切的人行贿的，处三年以下有期徒刑或者拘役，并处罚金；情节严重的，或者使国家利益遭受重大损失的，处三年以上七年以下有期徒刑，并处罚金；情节特别严重的，或者使国家利益遭受特别重大损失的，处七年以上十年以下有期徒刑，并处罚金。

单位犯前款罪的，对单位判处罚金，并对其直接负责的主管人员和其他直接责任人员，处三年以下有期徒刑或者拘役，并处罚金。

第三百九十三条　单位为谋取不正当利益而行贿，或者违反国家规定，给予国家工作人员以回扣、手续费，情节严重的，对单位判处罚金，并对其直接负责的主管人员和其他直接责任人员，处五年以下有期徒刑或者拘役，并处罚金。因行贿取得的违法所得归个人所有的，依照本法第三百八十九条、第三百九十条的规定定罪处罚。

第九十三条　本法所称国家工作人员，是指国家机关中从事公务的人员。国有公司、企业、事业单位、人民团体中从事公务的人员和国家机关、国有公司、企业、事业单位委派到非国有公司、企业、事业单位、社会团体从事公务的人员，以及其他依照法律从事公务的人员，以国家工作人员论。

最高人民法院、最高人民检察院关于办理贪污贿赂刑事案件适用法律若干问题的解释如下（2016年3月28日由最高人民法院审判委员会第1680次会议、2016年3月25日由最高人民检察院第十二届检察委员会第50次会议通过，自2016年4月18日起施行）：

第七条　为谋取不正当利益，向国家工作人员行贿，数额在三万元以上的，应当依照刑法第三百九十条的规定以行贿罪追究刑事责任。

行贿数额在一万元以上不满三万元，具有下列情形之一的，应当依照刑法第三百九十条的规定以行贿罪追究刑事责任：

（1）向三人以上行贿的；

（2）将违法所得用于行贿的；

（3）通过行贿谋取职务提拔、调整的；

（4）向负有食品、药品、安全生产、环境保护等监督管理职责的国家工作人员行贿，实施非法活动的；

（5）向司法工作人员行贿，影响司法公正的；

（6）造成经济损失数额在五十万元以上不满一百万元的。

第八条　犯行贿罪，具有下列情形之一的，应当认定为刑法第三百九十条第一款规定的“情节严重”：

（1）行贿数额在一百万元以上不满五百万元的；

（2）行贿数额在五十万元以上不满一百万元，并具有本解释第七条第二款第一项至第五项规定的情形之一的；

（3）其他严重的情节。

为谋取不正当利益，向国家工作人员行贿，造成经济损失数额在一百万元以上不满五百万元的，应当认定为刑法第三百九十条第一款规定的“使国家利益遭受重大损失”。

第九条　犯行贿罪，具有下列情形之一的，应当认定为刑法第三百九十条第一款规定的“情节特别严重”：

（1）行贿数额在五百万元以上的；

（2）行贿数额在二百五十万元以上不满五百万元，并具有本解释第七条第二款第一项至第五项规定的情形之一的；

（3）其他特别严重的情节。

为谋取不正当利益，向国家工作人员行贿，造成经济损失数额在五百万元以上的，应当认定为刑法第三百九十条第一款规定的“使国家利益遭受特别重大损失”。

第十条　刑法第三百八十八条之一规定的利用影响力受贿罪的定罪量刑适用标准，参照本解释关于受贿罪的规定执行。

刑法第三百九十条之一规定的对有影响力的人行贿罪的定罪量刑适用标准，参照本解释关于行贿罪的规定执行。

单位对有影响力的人行贿数额在二十万元以上的，应当依照刑法第三百九十条之一的规定以对有影响力的人行贿罪追究刑事责任。

第九章　危害公共安全罪

| 第一节　酒店就在前面路口不远，我送你就行，没事的

危险驾驶罪

| 案例

张某，系某电器县域代理商。

2020 年 4 月 16 日晚，他接待外地来支持夏季空调营销活动的总部工作人员，席间喝了一些酒，接待活动大约持续了两个小时。结束后张某表示要亲自送总部人员去酒店。

期间，有人说："不用麻烦张总，喝了酒不能开车，再说离得也不远，吃完饭走过去就可以了。"张某正在兴奋劲上，他说："前面路口左拐就是酒店，一脚油门就到了，这么近，没事的。"推脱不开，张某就开着车载着总部工作人员前去酒店，在酒店门口被执勤民警查获。

该县人民检察院以广检三部刑诉（2020）XX 号起诉书指控被告人张某犯危险驾驶罪，于 2020 年 7 月 7 日向法院提起公诉。

最终法院以危险驾驶罪判处被告人张某犯危险驾驶罪，判处拘役一个月，缓刑二个月，并处罚金人民币二千元。

| 法律小常识

| 定义

危险驾驶罪是指在道路上驾驶机动车追逐竞驶，情节恶劣的；醉酒驾驶机动车的；从事校车业务或者旅客运输，严重超过定额乘员载客，或者严重超过规定时速行驶的；违反危险化学品安全管理规定运输危险化学品，危害公共安全的行为。

| 构成

1. 本罪的犯罪客体

公共安全，即危险驾驶的行为危及到了公共安全，给公共安全带来了潜在的危险，即对不特定且多数人的生命、身体或者财产的危险。

2. 本罪的犯罪客观方面

在道路上醉酒驾驶机动车，或者在道路上驾驶机动车追逐竞驶，且情节恶劣。

3. 本罪的犯罪主体

一般主体。即行为人达到法定刑事责任年龄、具备刑事责任能力。

4. 本罪的主观方面

危险驾驶罪的主观方面表现为故意，即明知自己在道路上醉酒驾驶机动车或者在道路上驾驶机动车追逐竞驶的行为危害到公共安全而希望或放任这种状态的发生。

| 认定

1. 危险驾驶罪与交通肇事罪和以危险方法危害公共安全罪的界定

危险驾驶罪与交通肇事罪和以危险方法危害公共安全罪的共同之处：三个罪名既然都规定在危害公共安全罪一章中，最主要的共同之处就是侵犯的客体为公共安全。

危险驾驶罪与交通肇事罪和以危险方法危害公共安全罪的三者之间的区别。其区别表现为以下几个方面。

（1）主观方面不同。危险驾驶罪在主观上持希望或放任的故意。而交通肇事罪是典型意义上过失犯罪，主观上只能是过失。以危险方法危害公共安全罪要求主观上是故意，而过失以危险方法危害公共安全罪要求主观上为过失。

（2）在行为方式上不同。危险驾驶罪只包括醉驾和追逐竞驶两种行为，交通肇事包括一些违反交通安全管理法律法规的行为，而以危险方法危害公共安全罪是指要求实施与“放火、决水、爆炸、投毒”以外但犯危险性相当的危险行为。不应包括醉驾和追逐竞驶的行为。

2. 立案标准

本罪分为两种情形。

（1）追逐竞驶，情节恶劣的。情节恶劣限制了追逐竞驶的处罚范围。追逐竞驶，是指行为人在道路上高速、超速行驶，随意追逐、超越其他车辆，频繁、突然并线，近距离驶入其他车辆之前的危险驾驶行为。

（2）在道路上醉酒驾驶机动车。车辆驾驶人员血液中的酒精含量大于或者等于 80 毫克 /100 毫升的属于醉酒驾驶。

量刑

（1）在道路上驾驶机动车，血液酒精含量达到 80 毫克 /100 毫升以上的，属于醉酒驾驶机动车，依照刑法第一百三十三条之一第一款的规定，以危险驾驶罪定罪处罚。

前款规定的“道路”“机动车”，适用道路交通安全法的有关规定。

（2）醉酒驾驶机动车，具有下列情形之一的，依照刑法第一百三十三条之一第一款的规定，从重处罚：

1）造成交通事故且负事故全部或主要责任，或造成交通事故后逃逸，尚未构成其他犯罪的；

2）血液酒精含量达到 200 毫克 /100 毫升以上的；

3）在高速公路、城市快速路上驾驶的；

4）驾驶载有乘客的营运机动车的；

5）有严重超员、超载或者超速驾驶，无驾驶资格驾驶机动车，使用伪造或者变造的机动车牌证等严重违反道路交通安全法的行为的；

6）逃避公安机关依法检查，或者拒绝、阻碍公安机关依法检查尚未构成其他犯罪的；

7）曾因酒后驾驶机动车受过行政处罚或者刑事追究的；

8）其他可以从重处罚的情形。

（3）醉酒驾驶机动车，以暴力、威胁方法阻碍公安机关依法检查，又构成妨害公务罪等其他犯罪的，依照数罪并罚的规定处罚。

（4）对醉酒驾驶机动车的被告人判处罚金，应根据被告人的醉酒程度、是否造成实际损害、认罪悔罪态度等情况，确定与主刑相适应的罚金数额。

（5）公安机关在查处醉酒驾驶机动车的犯罪嫌疑人时，对查获经过、呼气酒精含量检验和抽取血样过程应当制作记录；有条件的，应当拍照、录音或者录像；有证人的，应当收集证人证言。

（6）血液酒精含量检验鉴定意见是认定犯罪嫌疑人是否醉酒的依据。犯罪嫌疑人经呼气酒精含量检验达到本意见第一条规定的醉酒标准，在抽取血样之前脱逃的，可以以呼气酒精含量检验结果作为认定其醉酒的依据。

犯罪嫌疑人在公安机关依法检查时，为逃避法律追究，在呼气酒精含量检验或者抽取血样前又饮酒，经检验其血液酒精含量达到本意见第一条规定的醉酒标准的，应当认定为醉酒。

（7）办理醉酒驾驶机动车刑事案件，应当严格执行刑事诉讼法的有关规定，切实保障犯罪嫌疑人、被告人的诉讼权利，在法定诉讼期限内及时侦查、起诉、审判。

对醉酒驾驶机动车的犯罪嫌疑人、被告人，根据案件情况，可以拘留或者取保候审。对符合取保候审条件，但犯罪嫌疑人、被告人不能提出保证人，也不交纳保证金的，可以监视居住。对违反取保候审、监视居住规定的犯罪嫌疑人、被告人，情节严重的，可以予以逮捕。

上述量刑标准引自“最高人民法院、最高人民检察院 公安部《关于办理醉酒驾驶机动车刑事案件适用法律若干问题的意见》”，依照《最高人民法院发布关于司法解释工作的规定》第六条，司法解释的形式分为“解释”“规定”“批复”和“决定”四种。

所以，上述《关于办理醉酒驾驶机动车刑事案件适用法律若干问题的意见》，不具有法律效力，只供审判实践参考。

| 法条

根据《刑法修正案八》第二十二条、《刑法》第一百三十三条之一：“在道路上驾驶机动车追逐竞驶，情节恶劣的，或者在道路上醉酒驾驶机动车的，处拘役，并处罚金。有前款行为，同时构成其他犯罪的，依照处罚较重的规定定罪处罚。”

《中华人民共和国刑法修正案九》将《刑法》第一百三十三条之一修改为：在道路上驾驶机动车，有下列情形之一的，处拘役，并处罚金：

（1）追逐竞驶，情节恶劣的；

（2）醉酒驾驶机动车的；

（3）从事校车业务或者旅客运输，严重超过额定乘员载客，或者严重超过规定时速行驶的；

（4）违反危险化学品安全管理规定运输危险化学品，危及公共安全的。

机动车所有人、管理人对前款第三项、第四项行为负有直接责任的，依照前款的规定处罚。

有前两款行为，同时构成其他犯罪的，依照处罚较重的规定定罪处罚。

| 第二节 交通事故，有人死亡就是交通肇事罪

交通肇事罪

| 案例

2019年4月29日17时许，被告人赵某驾驶鲁G××××××轿车，沿昌乐县胶王路由西向东行驶到某村路口处时与黄某驾驶的同向行驶到该处左转弯的三轮电动车相撞，黄某受伤住院治疗无效死亡，赵某的车辆受损。

经昌乐县公安局交通警察大队认定，赵某承担事故的主要责任，黄某承担次要责任。另查明，被告人赵某在事故发生后拨打电话报警并在现场等待处理，到案后如实供述自己的罪行，系自首，已赔偿被害人经济损失并取得谅解。

山东省昌乐县人民检察院以乐检一部刑诉（2020）XX号起诉书指控被告人赵某犯交通肇事罪，于2020年4月15日向法院提起公诉。最终，法院以交通肇事罪判处赵某有期徒刑八个月，缓刑一年。

赵某回到社区后，应当遵守法律、法规，服从监督管理，接受教育，完成公益劳动，做一名有益社会的公民。

| 法律小常识

| 定义

交通肇事罪是指违反道路交通管理法规，发生重大交通事故，致人重伤、死亡或者使公私财产遭受重大损失，依法被追究刑事责任的犯罪行为。交

通肇事罪是一种过失危害公共安全的犯罪。

| 构成

1. 本罪的犯罪客体

本罪侵犯的客体是交通运输安全。交通运输，是指与一定的交通工具与交通设备相联系的铁路、公路、水上及空中交通运输，这类交通运输的特点是与广大人民群众的生命财产安全紧相连，一旦发生事故，就会危害到不特定多数人的生命安全。造成公私财产的广泛破坏，所以，其行为本质上是危害公共安全犯罪。

2. 本罪的客观方面

在交通运输活动中违反交通运输管理法规，因而发生重大事故，致人重伤、死亡或者使公私财产遭受重大损失的行为。由此可见，本罪的客观方面是由以下 4 个相互不可分割的因素组成的：

（1）必须有违反交通运输管理法规的行为在交通运输中实施了违反交通运输管理法规的行为，发生交通事故的原因，也是承担处罚的法律基础。

所谓交通运输法规，是指保证交通运输正常进行和交通运输安全的规章制度，包括水上、海上、空中、公路、铁路等各个交通运输系统的安全规则、章程以及从事交通运输工作必须遵守的纪律、制度等。如《城市交通规则》《机动车管理办法》《内河避碰规则》《航海避碰规则》《渡口守则》《中华人民共和国海上交通安全法》等。违反上述规则就可能造成重大交通事故。

在实践中，违反交通运输管理法规行为主要表现为违反劳动纪律或操作规程，玩忽职守或擅离职守、违章指挥、违章作业，或者违章行驶等。例如，公路违章的有：无证驾驶、强行超车、超速行驶、酒后开车；航运违章的有：船只强行横越，不按避让规章避让，超速抢档，在有碍航行处锚泊或停靠；航空违章的有：违反空中交通管理擅自起飞，偏离飞行航线，无故不与地面联络，等等。上述违章行为的种种表现形式，可以归纳为作为与不作为两种基本形式，不论哪种形式，只要是违章，就具备构成本罪的条件。

（2）必须发生重大事故，致人重伤、死亡或者使公私财产遭受重大损失的严重后果。这是构成交通肇事罪的必要条件之一。行为人虽然违反了交通运输管理法规，但未造成上述法定严重后果的，不构成本罪。

（3）严重后果必须由违章行为引起。二者之间存在因果关系。虽然行为人有违章行为，但未造成严重后果，而且在时间上不存在先行后续关系，则不构成本罪。

（4）违反规章制度，致人重伤、死亡或者使公私财产遭受重大损失的行为，必须发生在从始发车站、码头、机场准备载人装货至终点车站、码头、机场旅客离去、货物卸完的整个交通运输活动过程中。从空间上说，必须发生在铁路、公路、城镇道路和空中航道上；从时间上说，必须发生在正在进行的交通运输活动中。如果不是发生在上述空间、时间中，而是在工厂、矿山、林场、建筑工地、企业事业单位、院落内作业，或者进行其他非交通运输活动，如检修、冲洗车辆等，一般不构成本罪。

检察院 1992 年 3 月 23 日《关于在厂（矿）区机动车造成伤亡事故的犯罪案件如何定性处理问题的批复》中指出：在厂（矿）区机动车作业期间发生的伤亡事故案件，应当根据不同情况，区别对待；在公共交通管理范围内，因违反交通运输规章制度，发生重大事故，应按刑法第 113 条规定处理。

违反安全生产规章制度。发生重大伤亡事故，造成严重后果的，应按刑法第114条规定处理；在公共交通管理范围外发生的，应当定重大责任事故罪。

由此可见，对于这类案件的认定，关键是要查明它是否发生在属于公共交通管理的铁路、公路上。

利用大型的、现代化的交通运输工具从事交通运输活动，违反规章制度，致人重伤、死亡或者使公私财产遭受重大损失的，应定交通肇事罪，这是没有异议的。但是，对于利用非机动车，如自行车、三轮车、马车等，从事交通运输活动，违章肇事，使人重伤、死亡，是否构成交通肇事罪，存在不同的看法。

第一种意见认为，交通肇事罪属于危害公共安全的犯罪，即能够同时造成不特定的多人伤亡或者公私财产的广泛损害，而驾驶非机动车从事交通运输活动，违章肇事，一般只能给特定的个别人造成伤亡或者数量有限的财产损失，不具有危害公共安全的性质，因此，不应定交通肇事罪，而应根据具体情况，确定其犯罪的性质，造成他人死亡的，定过失致人死亡罪；造成重伤的，定过失重伤罪。

第二种意见认为，它虽一般只能造成特定的个别人的伤亡或者有限的损失，但不能因此而否认其具有危害公共安全的性质，况且许多城镇交通事故都直接或间接与非机动车违章行车有关。因此，上述人员违章肇事，应当以交通肇事罪论处。如果因其撞死人而按过失致人死亡罪论处，因其撞伤人而按过失重伤罪论处，是不合理的。目前司法实践中，一般按第二种意见定罪判刑，即以交通肇事罪论处。

这里需要注意的是，2000年最高人民法院《关于审理交通肇事刑事案件具体应用法律若干问题的解释》第八条规定，在实行公共交通管理的范围内发生重大交通事故的，依照刑法第一百三十三条（即交通肇事罪）和本解释的有关规定办理，在公共交通管理的范围外，驾驶机动车辆或者使用其他交通工具致人伤亡或者致使公共财产或者他人财产遭受重大损失，构成犯罪的，分别依照刑法第一百三十四条（重大责任事故罪）、第一百三十五条（重大劳动安全事故罪）、第二百三十三条（过失致人死亡罪）等规定定罪处罚。《解释》将交通肇事罪的场所限定为公共交通管理范围，但对什么是公共交通运输范围并未做出明确的定义，致使本罪长期以来在适用场所上存在一定争议。

《道路交通安全法》颁布后，第一百一十九条规定，“道路”是指公路、城市道路和虽在单位管辖范围但允许社会机动车通行的地方，包括广场、公共停车场等用于公众通行的场所。对道路的含义进行了限定，扩大了本罪的适用场所。

刑法修正案八在交通肇事罪后增设危险驾驶罪，危险驾驶罪为危险犯，不需要造成实际危害结果，只要行为人在道路上驾驶机动车追逐竞驶或者在道路上醉酒驾驶机动车，即构成本罪。危险驾驶行为同时构成交通肇事罪或者以危险方法危害公共安全罪等犯罪的，依照处罚较重的规定定罪处罚，不实行数罪并罚。

3. 本罪的犯罪主体

本罪的犯罪主体为一般主体，即凡年满 16 周岁、具有刑事责任能力的自然人均可构成。主体不能理解为在上述交通运输部门工作的一切人员，也不能理解为仅指火车、汽车、电车、船只和航空器等交通工具的驾车人员，而应理解为一切直接从事交通运输业务和保证交通运输的人员以及非交通运输人员。

具体地说，交通运输人员包括以下 4 种从事交通运输的人员。

（1）交通运输工具的驾驶人员，如火车、汽车、电车司机等。

（2）交通设备的操纵人员，如扳道员、巡道员、道口看守员等。

（3）交通运输活动的直接领导、指挥人员，如船长、机长、领航员、调度员等。

（4）交通运输安全的管理人员，如交通监理员、交通警察等。他们担负的职责同交通运输有直接关系，一旦不正确履行自己的职责，都可能造成重大交通事故。

非交通运输人员违反规章制度，如非司机违章开车，在交通运输中发生重大事故，造成严重后果的，也构成本罪的主体。最高人民法院、最高人民检察院《关于办理盗窃案件具体应用法律的若干问题的解释》中指出，“在偷开汽车中因过失撞死、撞伤他人或者撞坏了车辆，又构成其他罪的，应按交通肇事罪与他罪并罚”这一解释说明，非交通运输人员构成交通肇事罪，并不以肇事行为发生在交通运输过程中为要件。

4. 本罪的主观方面

本罪主观方面表现为过失，包括疏忽大意的过失和过于自信的过失。

这种过失是指行为人对自己的违章行为可能造成的严重后果的心理态度而言。行为人在违反规章制度上可能是明知故犯，如酒后驾车、强行超车、超速行驶等，但对自己的违章行为可能发生重大事故，造成严重后果，应当预见而因疏忽大意，没有预见，或者虽已预见，但轻信能够避免，以致造成了严重后果。

| 认定

1. 本罪与非罪的界限

其关键要查清行为人是否有主观罪过，是否实施了违反交通运输管理法规的行为，违反交通运输管理法规的行为与重大交通事故是否具有因果关系等。倘若没有违法行为或者虽有违法行为但没有因果关系，如事故发生纯属被害人不遵守交通规则，乱穿马路造成，或由自然因素，如山崩、地裂、风暴、洪水等造成，则就不应以本罪论处。当然，事故发生并不排除可能存在多种原因或有其他介入因素，这里就更应该认真分析原因及其介入行为对交通事故发生的作用。只有查清确实与行为人的违规行为具有因果关系，则才可能以本罪论处，否则，就不应以该罪治罪而追究刑事责任。

例如，行为人高速超车后突然发现前方几十米处有人穿越马路，便打方向盘试图避开行人，但出于车速过快，致使车冲入人行道而将他人压成重伤。此时，行人穿越马路作为介入因素仅是发生本案的条件，肇事的真正原因则是违章超速行车，因此应当认定行为与结果具有因果关系从而可以构成本罪。

2. 本罪与重大飞行事故罪、铁路运营安全事故罪的界限

本罪与重大飞行事故罪、铁路运营安全事故罪同属重大交通肇事的犯罪。客体均为交通运输安全，主观上也都出于过失，客观上也是都是以违反保

障交通运输安全管理的规章制度并造成严重后果为要件。

其主要区别如下：

（1）主体不同。本罪的主体为一般主体；而后二罪，主体为特殊主体，即分别为航空人员与铁路职工，其他自然人一般主体不能构成这两种罪。

（2）发生的场合不同。本罪主要发生在公路、水路交通运输过程中（不排除一般主体在交通运输领域外可以构成交通肇事罪）；而后二罪，分别发生在航空运输与铁路运输活动中。

（3）违反的具体注意义务不同。根据运输领域不同（公路、水上），本罪行为人违反的可以是特定的注意义务，也可以使一般的注意义务；而后两罪违反的，只限于特定的注意义务。

3. 交通肇事逃逸的认定

《最高人民法院关于审理交通肇事刑事案件具体应用法律若干问题的解释》第三条规定，“交通运输肇事后逃逸”是指行为人具有本解释第二条第一款规定和第二款第（一）至（五）项规定的情形之一，在发生交通事故后，为逃避法律追究而逃跑的行为。

即所谓交通肇事逃逸就是行为人在交通运输肇事中具有以下情形并因逃避法律追究而逃跑的行为：

（1）死亡一人或者重伤三人以上，负事故全部或者主要责任的；

（2）死亡三人以上，负事故同等责任的；

（3）造成公共财产或者他人财产直接损失，负事故全部或者主要责任，无能力赔偿数额在三十万元以上的；

（4）酒后、吸食毒品后驾驶机动车辆致一人以上重伤，负事故全部或者主要责任的；

（5）无驾驶资格驾驶机动车辆致一人以上重伤，负事故全部或者主要责任的；

（6）明知是安全装置不全或者安全机件失灵的机动车辆而驾驶致一人以上重伤，负事故全部或者主要责任的；

（7）明知是无牌证或者已报废的机动车辆而驾驶致一人以上重伤，负事故全部或者主要责任的；

（8）严重超载驾驶致一人以上重伤，负事故全部或者主要责任的。

4. 本罪与故意杀人罪的界限

交通肇事罪（逃逸致人死亡）与故意杀人罪的区别是：行为人在交通肇事后为逃避法律追究，将被害人带离事故现场后隐藏或者遗弃，致使被害人无法得到救助而死亡或者严重残疾的，应当分别以故意杀人罪或者故意伤害罪定罪处罚。区别要点：交通肇事罪（逃逸致人死亡）仅有消极的不救助行为；而故意杀人或伤害罪行为。

有积极行为是指导将被害人“带离”事故现场后隐藏或者遗弃；致使被害人无法得到救助是指因为遗弃、隐藏，使被害人处于孤立无援的境地。注意，对这种情形在不能证实具有直接故意的情况下，如果事实上没有发生“死亡或残疾”结果的，不应按照故意杀人罪、故意伤害罪的未遂罪处罚。

5. 本罪与以危险方法危害公共安全罪的界限

交通肇事罪与以危险方法危害公共安全罪的区别要点是，如果故意使用驾车撞人的方法，在公共场所故意撞死撞伤多人的，应定以危险方法危害公共安全罪。另外，故意使用驾车的方式杀害、伤害特定人的，以故意杀人罪、故意伤害罪定罪处罚。

6. 本罪与其他过失犯罪的界限

要点是认定责任的依据是否“交通管理法规”。厂矿企业的专用机动车辆、施工车辆以及军队的军用车辆等在“实行公共交通管理的范围内”因为违反交通规则发生重大交通事故的，以交通肇事罪论处。如果是在公共交通管理范围之外，非因违反交通规则造成人身伤亡、财产损失，构成犯罪的，分别依照刑法第一百三十四条（重大责任事故）、第一百三十五条（工程重大安全事故罪）、第二百三十三条（过失致人死亡）以及第四百三十六条（武器装备肇事罪）等规定定罪处罚。

7. 其他注意事项

新《道路交通管理法》第七十七条规定：“车辆在道路以外通行时发生的事故，公安机关交通管理部门接到报案的，参照本法的有关规定办理。”这一规定扩大了适用交通规则认定事故责任的范围也就相应扩大了交通肇事罪的范围。因此，不论车辆事故发生于何种场所，只要交通管理部门适用交通安全法认定事故责任，认为构成犯罪的，一律按照交通肇事罪认定处罚。如果不是或不能适用交通安全法认定事故车辆责任的，可以其他罪处罚。

适用有关生产安全规章认定责任的，一般以重大责任事故罪处罚；适用生活常理认定责任的，只能以过失致人死亡罪、过失重伤罪定罪处罚。

| 量刑及法条

《中华人民共和国刑法》第一百三十三条规定违反交通运输管理法规，因而发生重大事故，致人重伤、死亡或者使公私财产遭受重大损失的，处三年以下有期徒刑或者拘役；交通运输肇事后逃逸或者有其他特别恶劣情节的，处三年以上七年以下有期徒刑；因逃逸致人死亡的，处七年以上有期徒刑。

最高人民法院《关于审理交通肇事刑事案件具体应用法律若干问题的解释》规定交通肇事具有下列情形之一的，处三年以下有期徒刑或者拘役：

（1）死亡一人或者重伤三人以上，负事故全部或者主要责任的；

（2）死亡三人以上，负事故同等责任的；

（3）造成公共财产或者他人财产直接损失，负事故全部或者主要责任，无能力赔偿数额在三十万元以上的。

交通肇事致一人以上重伤，负事故全部或者主要责任，并具有下列情形之一的，以交通肇事罪定罪处罚：

（1）酒后、吸食毒品后驾驶机动车辆的；

（2）无驾驶资格驾驶机动车辆的；

（3）明知是安全装置不全或者安全机件失灵的机动车辆而驾驶的；

（4）明知是无牌证或者已报废的机动车辆而驾驶的；

（5）严重超载驾驶的。

| 立案标准

根据《刑法》第一百三十三条的规定，违反交通运输管理法规，因而发生重大事故，致人重伤、死亡或者使公私财产遭受重大损失的，应当立案追究。

根据最高人民法院2000年11月10日公告、11月21日起施行的《关于审理交通肇事刑事案件具体应用法律若干问题的解释》第二条第一款规定，交通肇事具有下列情形之一的，处三年以下有期徒刑或者拘役：① 死亡1人或者重伤三人以上，负事故全部或者主要责任的；② 死亡三人以上，负事故同等责任的；③ 造成公共财产或者他人财产直接损失，负事故全部或者主要责任，无能力赔偿数额在三十万元以上的。

第二条第二款规定，交通肇事致1人以上重伤，负事故全部或者主要责任，并具有下列情形之一的，以交通肇事罪定罪处罚：① 酒后、吸食毒品后驾驶机动车辆的；② 无驾驶资格驾驶机动车辆的；③ 明知是安全装置不全或者安全机件失灵的机动车辆而驾驶的；④ 明知是无牌证或者已报废的机动车辆而驾驶的；⑤ 严重超载驾驶的；⑥ 为逃避法律追究而逃离事故现场的。

符合上述情形之一的，公安机关应当立案追究。应当注意，对于交通肇事案件是否决定立案，一是要分清事故责任，二是要看是否符合上述司法解释的具体标准。如果行为人只有违章行为，并未造成严重后果的，则不以犯罪论处，不予立案。

一 本书赞誉 一

经济形势变化风起云涌，企业家一味追求经济利益而忽略风险防控往往将自己置身于身败名裂甚至于面临牢狱之灾的危险境地。尹律师以其深厚的法学功底结合丰富的实践经验著成本书，必将成为企业家保驾护航的利器！

——宋林刚　山东海岱律师事务所、合伙人律师

法律，是个听起来可怕，又让人全身不舒服的词语！但在现代生活中，律法的运用已经涌入到我们生活的每个环节中！

尹律师以活泼又专业的姿态，给商业社会创业者面对法律层面的重要环节提供了清晰的思路。而且招招经典，都是必修的武功！真的是游走江湖的入门之作，我强力推荐！

——张华正　宏健园康养集团董事长

事物是普遍联系的，法律和数学也不例外，这两个看似毫无关联的学科在很多方面都存在着千丝万缕的联系。

法学与数学最朴素的本质是辩证法，本书严密的辩证哲学体系让我在数学学术推演的过程中受益匪浅。

—— 梁景琦　上海交通大学数学系博士

法理深厚、角度睿智、论调风趣，尹洪旺律师的《尹律师说：做企业必懂的法律常识》这本书，以平易近人且最贴合实际的姿态思考着当代社会最受人关注的司法问题。

这本书是普通人普法的好读物，也是老板们经商的护城河。

—— 汤雪　德勤华永会计师事务所审计师

创业的前景是光明的，道路是曲折的。每一个创业者都蹚过了无数的坑，踩过了无数的雷。

洪旺律师这本书从专业的角度为创业者平个坑、铺个路，内容面上广、点上实，深入浅出、浅显易懂，让创业更简单、让创业者更轻松！

—— 张士彬　同济大学博士、硕士生导师

在本书酝酿期间，尹律师与我探讨此书的定位与架构，深以为然，我即决定作为联合作者执笔书中股权设置章节。

这是一本可以让非法律人可以轻松读懂的专业法律书，尹律师以日常承办的案件为切入点，深入浅出，涵盖企业发起设立、股东权利、公司治理、企业家刑事风险防控等一系列做企业必须面对的核心法律问题。

当然，这亦是一本适合法律人阅读的实务口粮书。在集思中凝聚火花，开卷有益。

—— 李雅雯　山东圣义律师事务所 资深律师，仲裁员

相信大多数企业在创业初期的经营过程中会遇到法律潜在的风险，我的企业也不例外。

在此我很感谢遇到了尹律师这样优秀、专业又有责任心的律师，他用自己的专业能力对我的企业进行考察后，帮助企业从源头发现错误，从而规避法律风险带来的经济损失。感恩尹律师为我的企业保驾护航。

—— 曾明达　贵州瑞聚新能源科技有限公司董事长

“法律绝非一成不变，相反，正如天空和海洋因风浪而起变化一样，法律也因情况和时运而变化。”

黑格尔这段对法律界限的思索在本书中体现得非常透彻，法律的变与不变从来都是发乎人间，合乎人心。

—— 王琦　特许注册金融分析师（CFA）

律师是理性的思考者，是法律的忠实信徒和膜拜者。

尹洪旺律师作为我的挚友与合作伙伴，不管在工作还是生活中，他执着的敬业精神一直感染着我。他背负着社会的重任，在许许多多案件的背后艰辛求索，这就是尹律师，一个值得深交的朋友。

尹律师的书是我看到的关于刑事律师书籍中，很值得看的一本书，专业知识通俗易懂，案例精彩绝伦。

—— 李聪　传承网络创始人

认识尹律师，是在受邀参加山东瀛岱律师事务所2018年年会上，他给我的第一印象是行事作风干练、专业素养很高。尹律师于繁忙的律师业务之余奉献给大家极其专业的书籍，既是企业家的护身法宝，也是我们同行很好的学习参考教材，祝贺他。

—— 岳润德　山东潍州律师事务所商事部主任

不断总结提升，注重系统化自身知识体系，是优秀律师的显著特征之一；能够结合办案实践著书立说，并就企业法律风险防控出版专著，只有专业度非常高的律师才可驾驭。

用一句话介绍本书：这是一名资深律师的匠心之作！

——戚会涛　山东瀛岱律师事务所刑事法律事务部主任

尹洪旺律师是我的好大哥、好榜样、好伙伴。合作多年以来，我对尹律师的工作能力、敬业精神均十分佩服。作为非法律从业者，我仅花半天时间就拜读完了尹律师这本新书的文稿。

这足以说明本书有很强的趣味性。在保证趣味性的同时，尹律师团队也从学术角度，对该书进行了数遍梳理，以确保其权威性。

该书集结了他自己服务数百家企业的心得，是帮企业主少走弯路的宝典。

作为一名创业者，我很庆幸有尹律师这位朋友。作为一名商业研究作者，我强烈推荐本书给企业主、个体创业者等人阅读。

——宋书三

《多赚一倍：实体店这样做就能火》作者、知识创业者

精英私人商业顾问

尹律师新书初稿写完之后发给我们几位朋友看，请大家提些意见。

说实话，作为一个外行人，我花了一天时间就能很开心地把这本书的书稿读完。尹律师这本书写得通俗易懂，同时又很专业。

我把这本书分享给了做实体的父亲，因为他自己也是一名个体创业者，或者属于中小企业老板。他感叹受益匪浅，原来法律的红线有时候离我们只有这么近。

我分享这本书给一些中小企业老板或者创业者，他们同样与我反馈，这本书可以帮助他们少踩很多坑，并告诉我这本书面世后一定会付费购买。

特别期待我的好朋友尹律师这本书正式面世。

—— 张洪敏　悉尼大学交互设计硕士